ENTRE PODER ECONÔMICO E PODER POLÍTICO

Reflexões sociológicas e constitucionais para uma nova abordagem pelo Direito da Concorrência

PAULA BAQUEIRO

Prefácio
Ana Frazão

Apresentação
Angelo Prata de Carvalho

ENTRE PODER ECONÔMICO E PODER POLÍTICO

Reflexões sociológicas e constitucionais para uma nova abordagem pelo Direito da Concorrência

Belo Horizonte

2024

© 2024 Editora Fórum Ltda.

É proibida a reprodução total ou parcial desta obra, por qualquer meio eletrônico, inclusive por processos xerográficos, sem autorização expressa do Editor.

Conselho Editorial

Adilson Abreu Dallari
Alécia Paolucci Nogueira Bicalho
Alexandre Coutinho Pagliarini
André Ramos Tavares
Carlos Ayres Britto
Carlos Mário da Silva Velloso
Cármen Lúcia Antunes Rocha
Cesar Augusto Guimarães Pereira
Clovis Beznos
Cristiana Fortini
Dinorá Adelaide Musetti Grotti
Diogo de Figueiredo Moreira Neto (*in memoriam*)
Egon Bockmann Moreira
Emerson Gabardo
Fabrício Motta
Fernando Rossi
Flávio Henrique Unes Pereira

Floriano de Azevedo Marques Neto
Gustavo Justino de Oliveira
Inês Virgínia Prado Soares
Jorge Ulisses Jacoby Fernandes
Juarez Freitas
Luciano Ferraz
Lúcio Delfino
Marcia Carla Pereira Ribeiro
Márcio Cammarosano
Marcos Ehrhardt Jr.
Maria Sylvia Zanella Di Pietro
Ney José de Freitas
Oswaldo Othon de Pontes Saraiva Filho
Paulo Modesto
Romeu Felipe Bacellar Filho
Sérgio Guerra
Walber de Moura Agra

FÓRUM
CONHECIMENTO JURÍDICO

Luís Cláudio Rodrigues Ferreira
Presidente e Editor

Coordenação editorial: Leonardo Eustáquio Siqueira Araújo
Aline Sobreira de Oliveira

Rua Paulo Ribeiro Bastos, 211 – Jardim Atlântico – CEP 31710-430
Belo Horizonte – Minas Gerais – Tel.: (31) 99412.0131
www.editoraforum.com.br – editoraforum@editoraforum.com.br

Técnica. Empenho. Zelo. Esses foram alguns dos cuidados aplicados na edição desta obra. No entanto, podem ocorrer erros de impressão, digitação ou mesmo restar alguma dúvida conceitual. Caso se constate algo assim, solicitamos a gentileza de nos comunicar através do *e-mail* editorial@editoraforum.com.br para que possamos esclarecer, no que couber. A sua contribuição é muito importante para mantermos a excelência editorial. A Editora Fórum agradece a sua contribuição.

Dados Internacionais de Catalogação na Publicação (CIP) de acordo com ISBD

B222e	Baqueiro, Paula
	Entre poder econômico e poder político: reflexões sociológicas e constitucionais para uma nova abordagem pelo direito da concorrência / Paula Baqueiro. Belo Horizonte: Fórum, 2024.
	160 p. 14,5x21,5cm
	ISBN 978-65-5518-563-8
	1. Direito da concorrência. 2. Poder econômico. 3. Conselho administrativo de defesa econômica. I. Título.
	CDD: 343.0721
	CDU: 339.137:34

Ficha catalográfica elaborada por Lissandra Ruas Lima – CRB/6 – 2851

Informação bibliográfica deste livro, conforme a NBR 6023:2018 da Associação Brasileira de Normas Técnicas (ABNT):

BAQUEIRO, Paula. *Entre poder econômico e poder político*: reflexões sociológicas e constitucionais para uma nova abordagem pelo direito da concorrência. Belo Horizonte: Fórum, 2024. 160 p. ISBN 978-65-5518-563-8.

A meus pais, Dicíola e Paulo
A meus irmãos, Melissa e Felipe

*"We live in capitalism. Its power seems inescapable.
So did the divine right of kings".*
Ursula K. Le Guin

SUMÁRIO

PREFÁCIO
Ana Frazão 11

APRESENTAÇÃO
Angelo Prata de Carvalho 15

INTRODUÇÃO 19

CAPÍTULO 1
MERCADOS COMO INSTITUIÇÕES SOCIAIS E IMPLICAÇÕES
PARA O CONTROLE JURÍDICO DO PODER ECONÔMICO 25

1.1   A Sociologia Econômica 28

1.1.1   Noções e fundamentos gerais 30

1.1.2   O imbricamento da economia 34

1.1.3   A Sociologia dos Mercados de Neil Fligstein 46

1.1.3.1   Campos, arranjos sociais e mercados estáveis 47

1.1.3.2   Mercados como instituições 50

1.1.3.3   Política e poder na criação das instituições de mercado 55

1.2   Contraposição à teoria econômica neoclássica: poder e política na arquitetura dos mercados 58

1.3   Algumas perspectivas renovadas para a intervenção estatal na economia 62

CAPÍTULO 2
INTERFACES ENTRE PODER ECONÔMICO E PODER POLÍTICO E
CONCORRÊNCIA NO CAPITALISMO BRASILEIRO 69

2.1   Aproximações entre poder econômico e poder político no capitalismo brasileiro 70

2.2   Do patrimonialismo ao capitalismo de estado 71

2.3   Capitalismo e competição: laços, redes e nós 78

2.3.1   O capitalismo de laços brasileiro 79

2.3.2   Canais de laços: o financiamento de campanha eleitoral 85

2.3.3   Laços e obstruções à democracia e à concorrência...................... 88

CAPÍTULO 3
REFERENCIAIS CONSTITUCIONAIS PARA O CONTROLE DE
ESTRUTURAS: LIMITAÇÃO À CONCENTRAÇÃO DE PODER
ECONÔMICO E SEUS EFEITOS POLÍTICOS... 93

3.1   O controle de estruturas no direito concorrencial brasileiro:
pressupostos gerais 96

3.1.1   A influência da Escola de Chicago e a desconstitucionalização
do direito da concorrência... 104

3.1.2   Da desconstitucionalização do direito da concorrência ao
descontrole de estruturas 112

3.2   Concentração econômica, efeitos "não econômicos" e impactos
políticos... 116

3.3   A ordem econômica constitucional, a repressão ao abuso do
poder econômico e o controle de estruturas................................... 130

3.3.1   A urgente e necessária constitucionalização do direito da
concorrência... 138

3.3.2   Deve o direito da concorrência se preocupar com os efeitos
políticos resultantes da concentração econômica? Como?.......... 143

CONSIDERAÇÕES FINAIS 149

REFERÊNCIAS... 153

PREFÁCIO

Em 2020, muito preocupada com os rumos do Direito Antitruste no Brasil e no mundo, resolvi exteriorizar minhas inquietações em uma série de artigos publicados no Jota sob o nome: *Um Direito Antitruste para o Século XXI*.* Dentre os dezesseis artigos, dediquei alguns deles (Partes VIII, IX, X, XI e XII) às relações entre a concentração de poder econômico e a concentração de poder político, aspecto que vinha sendo completamente negligenciado pelo Direito Antitruste em razão do estreitamento indevido que lhe foi injustamente imposto pela Escola de Chicago.

Naquela oportunidade, procurei advertir para o fato de que o excessivo relaxamento da política antitruste apresenta desdobramentos que transcendem os mercados, trazendo impactos diretos para os próprios pilares do regime democrático. Afinal, a acumulação descontrolada de poder econômico pode facilmente ser convertida em poder político, a ser utilizado para capturar as instituições e manter ou mudar as regras do jogo em favor dos próprios detentores do poder econômico, assegurando a manutenção ou a expansão do poder destes não mais pelos seus méritos, mas sim pela dominação ou tirania privada. Em graus mais avançados, a captura do Estado atinge tal nível que as regras são reescritas e a própria "democracia" é redesenhada para representar apenas os titulares de poder econômico.

Pareceu-me tão urgente pensar melhor sobre essa questão que aproveitei a ocasião para indicar autores do Antitruste e de outras áreas que contribuíam para a reflexão proposta, dentre os quais Thom Hartmann, Noam Chomsky, James Kwak, Joseph Stliglitz, Paul Krugman, Binyamin Appelbaum, Heather Boushey, Jonathan Aldred, Nancy MacLean, Matt Stoller, Barry Lynn, David Dean, Robert Pitofsky, Tim Wu, Jonathan Tepper, Denise Hearn, Lina Khan, Zephyr Teachout, Thomas Philippon, Eleanor Fox, Luigi Zingales, Harry First, Neil Fliegstein, Francis Fukuyama, Tamasin Cave, Andy Rowell, Lawrence

---

* https://www.jota.info/opiniao-e-analise/colunas/constituicao-empresa-e-mercado/direito-antitruste-seculo-xxi.

Lessig, Jonathan Baker, Steven Salop, Suresh Naidu, Eric A. Posner, Glen Weyl.

Um dos aspectos que mais me impressionou ao examinar a obra de muitos desses autores é que o atual estado de coisas foi fruto de um projeto de poder muito bem arquitetado e executado, cujo objetivo foi impedir qualquer interferência sobre aqueles que têm poder, retirando todos os freios à ação do poder econômico.

Dessa maneira, o Direito Antitruste foi apenas uma, dentre inúmeras frentes, que precisaram ser adaptadas para a concretização do referido projeto de poder, ainda que tivesse que romper com suas preocupações com a preservação da liberdade política e da democracia. Na verdade, o que ocorreu com o Direito Antitruste foi apenas o reflexo, na seara concorrencial, do projeto maior de demonização do Estado e da difusão da ideologia dos livres mercados que, embora só servissem aos interesses de poucos, eram apresentados e defendidos como benéficos para todos.

É inequívoco que, como professora, uma das principais razões do meu texto era a de despertar em jovens pesquisadores o interesse pela problemática, apesar de todos os desafios que lhe eram inerentes. Afinal, enfrentar um assunto com tal envergadura e complexidade requer uma boa dose de audácia e competência, a começar pelas dificuldades de lidar com bibliografia esparsa, pouco sistematizada e necessariamente inter e transdisciplinar.

Não é sem razão que alguns alunos, na época, se interessaram pelo tema, mas nenhum se dispôs a seguir em frente, salvo uma feliz exceção: a jovem Paula Baqueiro, autora do excelente livro que ora eu tenho a honra de prefaciar e que foi fruto da sua dissertação de mestrado, sob a minha orientação.

Sob várias perspectivas, Paula mostrou-se a pesquisadora perfeita para esse tema, uma vez que concilia inteligência, cultura e sofisticação intelectual com prática e experiência no Antitruste. Como acréscimo, Paula, além de ser uma mulher das letras e ter uma habilidade ímpar com a escrita, é também uma humanista, com sensibilidade diferenciada para compreender o mundo e exercer aquela capacidade de ação e transformação a que se refere Hannah Arendt.

O presente livro decorre, portanto, dessa combinação especial de talentos que a autora reúne, mas também de todo o esforço, trabalho e dedicação que a pesquisa lhe demandou, inclusive para encontrar um bom recorte e conduzir o leitor a refletir sobre o assunto a partir de um texto claro, coerente e encadeado, com pontos de partida bem definidos

PREFÁCIO | 13

e um itinerário seguro que a permitiu chegar às suas conclusões sem nenhum sobressalto.

Para isso, Paula explorou muitos dos autores que eu considero imprescindíveis para o tratamento do tema, acrescentando outros, por sua opção pessoal, que, a exemplo de Faoro, nos ajudam a entender as peculiaridades do Brasil. Aliás, a seleção bibliográfica já revela um dos grandes méritos do trabalho: o de combinar uma reflexão que é necessariamente universal e interessa a todas as democracias contemporâneas com elementos peculiares da trajetória brasileira, imprescindíveis para o mapeamento das mazelas e dos desafios que nos são próprios.

Outro ponto de destaque do trabalho é o esforço da autora de, na parte inicial, propor denso arcabouço de conceitos e reflexões teóricas, lastreados na perspectiva da sociologia econômica, o que lhe permitiu identificar a centralidade das relações sociais e das disputas de poder para a estruturação da economia de mercado e para o desempenho econômico dos agentes privados.

É a partir de tais lentes que Paula analisa diversas evidências que lhe permitem afirmar, dentre outras conclusões, que "o acúmulo de poder econômico não interfere apenas sobre o desenvolvimento ou a desigualdade econômica, mas reverte efeitos perversos sobre o sistema político, acentuando as desigualdades políticas e assumindo um protagonismo que desvia as pautas regulatórias e legislativas do interesse público a interesses de elites". Consequentemente, "a disseminação dos laços entre sistema político e sistema econômico é um chamado urgente para repensar e restituir a efetividade do controle jurídico do poder econômico, percebendo as diversas dimensões nas quais seu acúmulo e exercício podem se desdobrar".

Feitas tais delimitações, a autora demonstra, com muita segurança, o contraste entre o papel que o Direito da Concorrência poderia assumir para o que chama de "desenlace entre elites econômica e política no Brasil" e o que efetivamente ocorre, uma vez que "a ausência de considerações sérias, pelo Cade, sobre os efeitos políticos decorrentes das concentrações econômicas faz parecer que não estamos lidando com a realidade brasileira".

Vale ressaltar que o fio condutor do raciocínio da autora é o texto constitucional, sendo um cuidado constante da presente obra o de se manter fiel ao fato de que o trabalho, embora multi e transdisciplinar, é jurídico. Daí por que as análises sobre poder, economia, sociedade e política são devidamente conectadas com as regras constitucionais e seus impactos na competência do Cade, tal como muito bem define o seu título.

Com efeito, o que Paula pretende realizar – e efetivamente o faz – é uma análise constitucional a partir da qual se pode encontrar critérios para a interpretação e a aplicação do Direito Antitruste no Brasil, mas não a partir de um olhar formalista e abstrato e sim diante da vida real e das dinâmicas de poder que efetivamente constituem a arquitetura dos mercados e da política no nosso país.

Como o leitor poderá facilmente observar, Paula nos oferece, com o presente livro, uma oportunidade muito especial: refletir sobre uma das principais e mais complexas questões do Direito Antitruste e do Direito Constitucional na atualidade por meio de um texto fluido e bem escrito, o que torna a leitura fácil e prazerosa.

Mais do que uma importante contribuição para o mundo jurídico, o trabalho de Paula é um alerta e um convite para que todos nós, juristas ou não, possamos pensar nesse tema e para que outros pesquisadores, tão corajosos e talentosos como ela, possam seguir o seu exemplo, desbravando e ampliando os caminhos que ela abriu com tanta competência e sensibilidade.

Brasília, 4 de dezembro de 2022.

Ana Frazão
Professora Associada de Direito Civil, Comercial e Econômico da Universidade de Brasília – UnB

APRESENTAÇÃO

O convite para escrever a apresentação ao livro de Paula foi tão honroso quanto surpreendente. Honroso pois foi um privilégio imenso acompanhar o desenvolvimento desta obra, fruto das constantes inquietações de uma autora cuja sofisticação teórica e argumentativa somente é superada pelo misto de firmeza e doçura que só Paula tem. Surpreendente pois nunca me senti capaz de apresentar Paula, que quando chega traz consigo um universo de ideias, leituras, idiomas e sotaques que falam por si próprios. Apresentar o livro de Paula só não é honra maior do que ser seu amigo.

Paula faz pesquisa em prosa e verso nas mais variadas línguas (vivas ou mortas) e defende suas ideias com a força e a eloquência que são sua marca registrada. Além disso, Paula sempre teve o talento de demonstrar que em temas técnicos há também poesia. Com uma capacidade de escrita admirável e até invejável, Paula mostra que pode sim haver diferença entre produzir uma obra doutrinária e oferecer uma contribuição inestimável para a *literatura* (em todos os sentidos) de seu campo.

A obra que se apresenta, originária dissertação de mestrado elaborada sob a orientação da querida Professora Ana Frazão, somente poderia ter sido escrita por Paula. Isso porque não se trata de mais um exercício dogmático de reflexão a respeito das finalidades do Direito da Concorrência – assunto que tem sido objeto de inúmeros debates ao redor do mundo, porém comumente tomando como referenciais as posturas assumidas pelos Estados Unidos ou pela Comissão Europeia. Paula, ao contrário, procura demonstrar que há um elemento anterior à própria defesa de determinada posição a respeito das finalidades do Direito da Concorrência: a identificação dos constrangimentos políticos, sociais e mesmo ideológicos que condicionam a tomada de decisão pelos agentes econômicos e pelas autoridades da concorrência.

O Direito da Concorrência, dessa maneira, não se apresenta nesta obra como um conjunto de preceitos universalmente aplicáveis aos mercados, mas como um ramo do Direito que somente pode ser adequadamente compreendido com a elucidação dos conceitos e interesses que constituem o seu pano de fundo teórico. A compreensão hermenêutica do mundo, marca inafastável das leituras de Paula – desde quando, na graduação, caminhava com grossos volumes de Gadamer e discutia as melhores traduções de Heidegger –, é apresentada de maneira simples e sutil, no entanto atesta a necessidade de se buscar ir além das estruturas operacionais e heurísticas tradicionalmente utilizadas pelo Direito da Concorrência para conferir-lhe aparência de cientificidade e mesmo de neutralidade diante das pressões políticas que lhe são constitutivas.

O livro de Paula demonstra, em capítulos de leitura prazerosa, que a autora se insere na vanguarda das discussões de Direito da Concorrência. Isso porque a autora não se satisfaz com o papel imputado aos países periféricos de assistirem bestializados às oscilações das disputas entre Estados Unidos e União Europeia, mas considera as suas peculiaridades sociais e históricas peças-chave para a adequada apreensão do processo de tomada de decisão sobre a livre concorrência.

O esforço da autora, com isso, não é explicar por que se ufana do Direito da Concorrência brasileiro e muito menos de fabricar diferenças inexistentes, mas de demonstrar que, mesmo em um campo constantemente marcado pela convergência transnacional de seus pressupostos, não se pode esquecer a natureza constitucional atribuída à livre concorrência por ordenamentos como o brasileiro. Dessa maneira, definitivamente não está a autora abrindo a caixa de Pandora para um estado de caos e imprevisibilidade no âmbito do qual decisões da autoridade da concorrência poderão ser motivadas pelo seu componente político. Antes pelo contrário, demonstra Paula que as decisões da autoridade da concorrência, por mais que declarem estar pautadas por sofisticada lógica econômica, são invariavelmente marcadas por componentes sociais e políticos.

Como amiga generosa que é, Paula sempre teve o grande talento – como narrado por Roberto Carlos – de sempre dizer a verdade com frases abertas. Autora igualmente generosa, Paula oferece, com esta obra, o caminho das pedras para as conexões a serem feitas para que o Direito da Concorrência brasileiro seja compreendido em toda a sua complexidade, com o comprometimento com valores constitucionais que lhes são essenciais e a partir das bases histórico-sociológicas que lhes são próprias. Com isso, Paula abre espaço para o desenvolvimento de um programa de pesquisas sensíveis às estruturas do Direito da Concorrência brasileiro para que, então, se possa apreender a sua função – e não o contrário, em que se define uma função para então encontrar as estruturas que sejam capazes de sustentá-la.

A inteligência com que Paula conduz o leitor ao longo deste livro muitas vezes pode criar a impressão de que se trata de conclusões evidentes, no entanto só o são em razão da habilidade e da profundidade que são próprias da autora. Por esse motivo, especialmente em um contexto tão marcado por pré-compreensões a respeito das finalidades do antitruste, a obra de Paula merece ser lida segundo o conselho de Hilda Hilst: devemos olhá-la de novo, com menos altivez e mais atento.

Brasília, 4 de dezembro de 2022

Angelo Prata de Carvalho
Advogado e Professor

INTRODUÇÃO

Os últimos dois séculos foram marcados pelo sucesso do capitalismo e da democracia como sistemas econômico e político amplamente difundidos pelo mundo. O fato de que os dois sistemas têm sido reiteradamente implementados em conjunto produz, como evidência histórica, a constatação de que democracias desenvolvidas não têm existido na ausência do capitalismo – ainda que a relação inversa não seja verdadeira. Essa correlação histórica impulsiona a percepção de que capitalismos são inerentemente democráticos ou de que democracias são inerentemente capitalistas. Essa percepção ignora, contudo, as distintas lógicas que regem os dois sistemas e os colocam, constantemente, sob estresse e tensão.[1]

Democracia e capitalismo reivindicam fundamentos distintos de legitimidade: o capitalismo se ampara na distribuição desigual de direitos de propriedade, ao passo que a democracia se erige a partir de direitos civis iguais para todos.[2] A distribuição de direitos de propriedade no capitalismo é, por definição, desigual, ao permitir que uns detenham mais que os outros como resultado de seus méritos. A democracia, por definição, confere direitos iguais a todos cidadãos, independentemente do sucesso de seus empreendimentos privados, classe, escolaridade etc., de modo que elementos distintivos de renda não influenciam o valor dos votos em eleições.

---

[1] MERKEL, Wolfgang. Is capitalism compatible with democracy? *Zeitschrift für Vergleichende Politikwissenschaft*, vol. 8, n. 2, 2014, p. 109-128; MILNER, Helen V. Is global capitalism compatible with democracy? Inequality, insecurity, and interdependence. *International Studies Quarterly*, vol. 65, 2021, p. 1.097-1.110.

[2] MERKEL, Wolfgang. Is capitalism compatible with democracy? *Zeitschrift für Vergleichende Politikwissenschaft*, vol. 8, n. 2, 2014, p. 114.

Dos fundamentos de legitimidade decorrem procedimentos de decisão distintos: o capitalismo orienta as decisões econômicas com base em lucros, ao passo que a democracia elege suas ações com base em debate público e decisões majoritárias.[3] As decisões no sistema capitalista não são inclusivas: as escolhas sobre quais bens serão produzidos, como a força de trabalho e os recursos serão empregados, e o que será feito com o lucro gerado pela sociedade são controladas quase que totalmente pelo 1% da população global que é proprietária de participações acionárias e determina a direção das empresas. Em democracias eleitorais, quem governa é o povo e a igualdade de direitos e oportunidades determina a participação geral e igualitária de todos, com decisões tomadas pela maioria, mas com proteção das minorias.

O conflito entre os dois sistemas se instaura, visivelmente, quando a distribuição e o exercício de direitos de propriedade conduzem a uma acumulação desigual de riquezas tão elevada que crie obstáculos à política por meio de pressões capitalistas.[4] É justamente esse o cenário que se vê em grande parte das democracias capitalistas contemporâneas. Embora a democracia pressuponha igualdade, as democracias capitalistas têm vivenciado um sério agravamento da desigualdade econômica que gera desconfiança, insatisfação e descrença quanto à legitimidade dos sistemas econômico e político vigentes. Cresce, então, a desconfiança em relação às instituições democráticas à medida que o desempenho do governo se revela falho em assegurar o universalismo, a impessoalidade, o interesse público, a probidade e a justeza dos seus procedimentos na busca pela missão que o legitima.[5]

A realidade político-econômica brasileira confirma essa percepção. Marcada por um histórico colonial patrimonialista, a aproximação entre elites econômica e política é fundante da organização estatal no Brasil e promove interferências econômicas sobre o sistema político, gerando incentivos inadequados para seus processos e resultados, que deixam de se referenciar pelo interesse público e pela regra majoritária e passam a ser pautados por interesses particulares de uma elite bastante

---

[3] MERKEL, Wolfgang. Is capitalism compatible with democracy? *Zeitschrift für Vergleichende Politikwissenschaft*, vol. 8, n. 2, 2014, p. 115.

[4] MERKEL, Wolfgang. Is capitalism compatible with democracy? *Zeitschrift für Vergleichende Politikwissenschaft*, vol. 8, n. 2, 2014, p. 109-128, p. 115.

[5] MOISÉS, José Álvaro; CARNEIRO, Gabriela Piquet. Democracia, desconfiança política e insatisfação com o regime – o caso do Brasil. *Opinião pública*, vol. 14, n. 1, jun./2008, p. 1-42, p. 38-39.

diminuta. Com isso, a desigualdade econômica crescente se traduz em desigualdade política e perverte o regime democrático.

São os agentes economicamente poderosos que conseguem se aproximar do poder público e político e subverter a formação democrática do Direito e das políticas públicas em seu favor, influenciando a pauta regulatória e extraindo vantagens econômicas indevidas por meio de *lobby* e financiamento de campanhas eleitorais. O atual estágio de consolidação de poder privado nas sociedades capitalistas reforça as preocupações com as aproximações e interferências recíprocas entre sistema político e sistema econômico, à medida que agentes econômicos poderosos parecem tomar o protagonismo do processo democrático.

À evidência de que o acúmulo de poder econômico se transforma em relevante influência política, a regulação econômica deve lançar um novo olhar sobre o controle jurídico do poder econômico como instrumento necessário não apenas para a promoção do desenvolvimento econômico, mas também para manutenção da própria ordem democrática. Essas evidências também trazem implicações importantes para a política de defesa da concorrência e o direito concorrencial como instrumentos voltados à repressão ao abuso do poder econômico.

A despeito disso, a aplicação do direito concorrencial brasileiro parece indiferente à sua própria realidade econômica e não tem voltado sua atenção aos desdobramentos políticos gerados pelo acúmulo de poder econômico. Essa indiferença foi a inquietação inicial que motivou a presente pesquisa e orienta sua proposta principal: traçar os fundamentos sociológicos e jurídico-constitucionais que justificam e legitimam uma abordagem mais abrangente, coerente e efetiva pelo direito da concorrência no controle jurídico do poder econômico, tendo em vista o forte contexto relacional da economia brasileira e o atual contexto de consolidação de poder econômico privado nas democracias capitalistas contemporâneas.

Para tanto, esta obra se dispõe a realizar uma incursão multidisciplinar, com considerações trazidas da Sociologia, da História, da Ciência Política e do Direito, a fim de instigar uma interlocução mais ampla e rica por parte do direito da concorrência e, com isso, levantar contribuições teóricas e ferramentas práticas que viabilizem a apreensão do fenômeno que lhe escapa. Isso porque a hipótese subjacente ao trabalho consiste na seguinte proposição: o direito da concorrência brasileiro tem adotado um referencial interpretativo embasado na teoria econômica da Escola de Chicago, que se dissocia da realidade econômica brasileira e do quadro normativo instituído pela ordem econômica constitucional, o que, por conseguinte, tem conduzido a uma análise superficial e limitada dos efeitos da concentração de poder econômico que fragiliza a efetividade do seu controle jurídico.

Na tentativa de ampliar o referencial interpretativo do direito da concorrência, o livro discorre, em seu primeiro capítulo, sobre os principais aportes teóricos da Sociologia Econômica, a fim de conceber a arquitetura dos mercados em uma perspectiva mais abrangente do que aquela usualmente adotada na teoria econômica. Essa perspectiva revela que a estruturação dos mercados envolve um complexo tecido social, no qual as relações sociais, políticas e culturais são centrais para determinar a criação e o funcionamento das instituições econômicas.

As regras de mercado não são produtos objetivos, abstratos e universais, mas realidades contingenciais e específicas que refletem a conformação política, social e cultural de uma sociedade. Ao evidenciar a centralidade da política e do poder na construção dos mercados, a abordagem sociológica produz implicações interessantes para pensar a regulação econômica, uma vez que os ambientes de mercado resultam de disputas de poder e não podem ser tomados como neutros. A disciplina jurídica da concorrência, em especial, deve observar esse traço da arquitetura dos mercados para ampliar a visão sobre como os agentes competem em dimensões além daquela estritamente econômica. A competição, como força desestabilizadora das interações de mercado, movimenta estratégias que vão além da rivalidade por preços ou qualidade e alcançam até mesmo a difusão de conceitos e estratégias empresariais e a formulação de regulação e políticas públicas.

A partir desse arcabouço, facilitam-se a apreensão e compreensão sobre como e por que o poder econômico se aproxima do poder político. O segundo capítulo apresenta as origens patrimonialistas do Estado brasileiro e o capitalismo de laços como elementos que motivam a forte conexão entre poder político e poder econômico no contexto nacional. Essa realidade confirma a importância das relações sociais para o desempenho dos agentes econômicos e evidencia como a elite econômica se aproxima da elite política e governamental para extrair vantagens que deturpam o sistema democrático e a competição pelo mérito.

O fato de que são os agentes com elevado poder econômico que conseguem estabelecer canais de contato privilegiados e exercer influência sobre atores políticos e entidades governamentais deve despertar uma preocupação diferenciada sobre os efeitos da concentração de poder econômico de agentes privados, na medida em que o aumento de poder econômico se associa diretamente à elevação de poder político. Os impactos dessa correlação para a concorrência são explícitos, de modo que os desdobramentos políticos da concentração de poder econômico devem refinar e ampliar os instrumentos voltados para o seu controle jurídico, sobretudo pelo controle de estruturas do direito concorrencial.

A exposição sobre a concepção sociológica dos mercados e a apresentação sobre o fenômeno do capitalismo de laços brasileiro articulam um arcabouço de conceitos e reflexões teóricas com um conjunto de evidências e elementos fáticos que, concatenados, permitem elucidar a centralidade das relações sociais para a estruturação da economia de mercado, em âmbito mais amplo, e para o desempenho econômico dos agentes de mercado, em âmbito mais específico.

A partir disso, reconhecendo que o enlace entre poder econômico e poder político produz uma série de distorções para o sistema político-econômico e para a democracia, o terceiro capítulo procura avançar com reflexões e argumentos que legitimam a incorporação dos efeitos políticos da concentração de poder econômico na abordagem concorrencial, especificamente no controle de estruturas. Essa incorporação enfrenta a influência da Escola de Chicago e o fenômeno da desconstitucionalização do direito da concorrência, que podem explicar, em alguma medida, como a aplicação do direito concorrencial brasileiro tem se isolado e ignorado a normatividade constitucional para efetivação do controle jurídico do poder econômico.

Resgatam-se, então, os referenciais constitucionais para a orientação da aplicação do controle de estruturas, com a consideração da ideologia promulgada na Constituição Federal de 1988 e dos princípios que organizam a ordem econômica constitucional. O esforço de constitucionalização do direito da concorrência esclarece como preocupações com a democracia, o desenvolvimento econômico, a justiça social e outros preceitos incrustados na Constituição, que diretamente se relacionam com a repressão ao abuso do poder econômico, devem estar na agenda da defesa da concorrência.

Se os efeitos políticos decorrentes do poder econômico não estiverem na agenda do direito concorrencial, o controle estrutural do poder econômico privado será apenas parcialmente eficaz, já que não conseguirá endereçar importantes aspectos do fenômeno que permite a criação e a consolidação de poder econômico.

Este estudo é, portanto, um olhar sobre o Brasil – sobre a sua formação econômica e política, as suas instituições, o seu ordenamento jurídico, a sua Constituição. As reflexões aqui levantadas se propõem a pensar o direito da concorrência brasileiro a partir dos referenciais próprios do nosso país e, por conseguinte, levantar diagnósticos e proposições afeitos à sua realidade.

CAPÍTULO 1

MERCADOS COMO INSTITUIÇÕES SOCIAIS E IMPLICAÇÕES PARA O CONTROLE JURÍDICO DO PODER ECONÔMICO

Ainda hoje bastante arraigada, existe uma crença na racionalidade intrínseca dos mercados que alimenta a ideia de separação entre Estado e domínio econômico. Essa crença decorre, em larga medida, da tradição econômica neoclássica, para a qual os mercados seriam sistemas tendentes ao equilíbrio, assumindo o caráter de "autorregulados" (*self-regulating markets*). O funcionamento dos mercados estaria pautado em regras econômicas, como o mecanismo de formação de preços, resultante do cruzamento entre oferta e demanda, e tenderia sempre à harmonização. A intervenção estatal na economia estaria restrita, portanto, unicamente, à correção das chamadas falhas de mercado. Atuações do Estado para além desses limites significariam intromissões indevidas no desenvolvimento do comportamento econômico e da livre iniciativa que deve guiar a ação econômica.

Abordagens sociológicas objetam, contudo, que os mercados não possuem uma racionalidade intrínseca e que não se sujeitam unicamente a regras econômicas, mas se ancoram sobre um complexo tecido social. Ao rejeitar a falsa noção de que os mercados são redomas que hermeticamente encerram relações unicamente econômicas, abrem-se oportunidades para refletir e entender como as interações sociais, culturais e políticas são igualmente determinantes para o curso da economia e do desenvolvimento econômico. Por conseguinte, abre-se também uma profícua agenda de pesquisa para revisitar, a partir de um novo enfoque, a discussão sobre o papel do Estado na conformação dos mercados e do capitalismo.

Embora tais discussões se encontrem já desenvolvidas no âmbito da Sociologia Econômica, o Direito e outras ciências sociais aplicadas podem – e devem – se beneficiar dos avanços teóricos e práticos que se desenvolvem naquela disciplina, a fim de se munirem dos elementos necessários para observar a dinâmica econômica a partir de um novo lugar.

Pensando especificamente o contexto brasileiro, essa nova chave de entendimento sobre a conformação dos mercados permite enxergar a proximidade das relações entre elites econômicas e políticas e compreender como ela influencia gravemente a formação e o desenvolvimento das instituições de mercado. Ao se notar o emaranhado de laços entre esfera pública e privada que ergue o sistema capitalista no Brasil, reconhece-se que o discurso sobre a necessidade de separação entre Estado e economia, decorrente dessa tradição econômica neoclássica, não corresponde à realidade e favorece justamente a conservação do poder econômico.

É necessário, portanto, observar como a dimensão social é estruturante dos mercados e determinante para a performance dos agentes econômicos. Essa observação também permite que se perceba a relação próxima entre poder econômico e poder político e como essa relação é central para a atuação dos agentes de mercado no capitalismo, por vezes minando até mesmo a noção de competição pelo mérito.

Essa preocupação pode ser tomada como o mote central da investigação aqui realizada e deve ser percebida como o fio condutor das discussões levantadas nos capítulos desta obra. A abordagem sociológica apresentada neste primeiro capítulo é justificada e pertinente para evidenciar como a competição desempenha uma função proeminente na necessidade de formulação de regras estabilizadoras das interações nos mercados. Por isso mesmo, a competição é um alvo constante dos agentes econômicos, que tentam, por diversos meios, mitigá-la em seu favor, valendo-se para tanto não apenas de estratégias comerciais – lícitas ou ilícitas –, mas também das interações sociais e políticas que travam com outros agentes, clientes e governos.

Embora a concorrência não seja um tema de exploração ampla e aprofundada pela Sociologia Econômica,[6] é empenho deste trabalho

---

[6] É válido registrar o artigo *Soziologie der Konkurrenz*, publicado em 1903, de Georg Simmel, sociólogo alemão, como um dos empenhos pioneiros em apreender o fenômeno da concorrência a partir de uma visão sociológica, ainda que tal abordagem não tenha sido posteriormente aprofundada e disseminada no campo. Deve-se mencionar também, ainda

relacionar a função da competição na estruturação e desenvolvimento dos mercados, como elaborada na perspectiva sociológica, com a disciplina jurídica da concorrência. Essa relação se presta a demonstrar como o controle do poder econômico, fundado na ordem econômica constitucional, deve incorporar os diagnósticos sociológicos para que possa assimilar a influência que as interações humanas imprimem na formação das instituições de mercado – o que afeta gravemente o desenvolvimento da concorrência e, eventualmente, pode vir a deturpar a noção de competição pelo mérito.

O presente capítulo pretende, portanto, com as contribuições da Sociologia Econômica, perceber como os processos sociais são altamente importantes para conformar os mercados, que são concebidos como produtos sociais complexos, e, a partir disso, constatar as implicações que emergem para a regulação jurídica da economia – mais especificamente, a defesa da concorrência e o controle do poder econômico. Dessa percepção, o capítulo procura refletir sobre como a regulação jurídica dos mercados pode percorrer novos rumos, a fim de endereçar a influência que as relações sociais possuem sobre as instituições e políticas econômicas.

Ainda que se reconheça que a Sociologia Econômica opera sob uma perspectiva predominantemente descritiva e um tanto despretensiosa em relação a tecer recomendações práticas, este trabalho procura empregar as observações realizadas pelo campo a partir de um enfoque *prescritivo*. Pretende-se, portanto, extrair da *descrição* sobre o fenômeno mercadológico orientações prescritivas sobre como a regulação jurídica dos mercados, sobretudo o controle do poder econômico, deve desenvolver normas afeitas e adequadas ao fenômeno.

O capítulo estrutura-se com uma primeira parte voltada para a apresentação da Sociologia Econômica como campo de estudos próprio e a exposição das noções gerais e comuns que orientam os fundamentos

---

que não se trate propriamente de sociólogos ou sociólogos da economia, o empenho de juristas e mesmo economistas que também desenvolveram estudos voltados à aproximação da sociologia à concorrência, como Louis W. Stern, com o artigo *Antitrust Implications of a Sociological Interpretation of Competition, Conflict, and Cooperation in the Marketplace*, publicado em 1971; Peter J. Hammer, com o artigo *The Architecture of Health Care Markets: Economic Sociology and Antitrust Law*, publicado em 2007. Com especial atenção, registram-se os estudiosos brasileiros Luiz Felipe Rosa Ramos, com a tese *Antitrust and competition convergence and divergence in the tropical mirror*, publicada em 2019; Guilherme Teno Castilho Misale e Yan Villela Vieira, com o artigo *Why (not) talk about the sociology of competition?*, publicado em 2017.

principais do campo. Na sequência, expõe-se a teoria de Neil Fligstein sobre a arquitetura dos mercados, tomada aqui como referencial teórico principal, no objetivo de apresentar uma teoria coesa sobre como os mercados se arquitetam e como os processos sociais confluem para essa arquitetura.

Após a explanação desses referenciais, as duas seções subsequentes se prestam a (i) contrapor a perspectiva sociológica com a teoria econômica neoclássica que ainda hoje domina os fundamentos da regulação econômica e da defesa da concorrência e (ii) refletir sobre as implicações que a concepção dos mercados como produtos sociais pode gerar para a intervenção estatal na economia.

1.1 A Sociologia Econômica

A Sociologia Econômica pode ser compreendida, de modo geral, como "a perspectiva sociológica aplicada aos fenômenos econômicos", e, de modo mais específico, como "a aplicação de quadros de referência, variáveis e modelos explicativos da Sociologia ao complexo de atividades que se referem à produção, distribuição, troca e consumo de bens e serviços escassos".[7] Como ramo daquela, a Sociologia dos Mercados, que estará em foco nestas seções, debruça-se especificamente sobre a estrutura e a dinâmica da produção desses bens e serviços.[8]

A tradição da Sociologia Econômica é vasta e rica, podendo ser retraçada ao final do século XIX e virada para o século XX, embora seu momento de maior efervescência tenha ocorrido apenas a partir da década de 1980, período a partir do qual já se fala em uma "Nova Sociologia Econômica". O corpo bibliográfico é amplo e diversificado, mas a ele é possível atribuir, como bases comuns, a ideia de que as ações econômicas "estão imbricadas em sistemas concretos e contínuos de

---

[7] SMELSER, Neil J.; SWEDBERG, Richard. Introducing economic sociology. *In*: SMELSER, Neil J.; SWEDBERG, Richard (eds.). *The handbook of Economic Sociology*. Princeton: Princeton University Press, 2005, p. 3-25, p. 3: "Economic sociology – to use a term that Weber and Durkheim introduced – can be defined simply as *the sociological perspective applied to economic phenomena*. A similar but more elaborate version is *the application of the frames of reference, variables, and explanatory models of sociology to that complex of activities which is concerned with the production, distribution, exchange, and consumption of scarce goods and services*".

[8] FLIGSTEIN, Neil. *The architecture of markets*. An economic sociology of twenty-first century capitalist societies. Princeton: Princeton University Press, 2001, p. 6: "Economic sociology is the study of how the material production and consumption of human populations depend on social processes for their structure and dynamics. (...) This book limits itself to considering the structuring of production, that is, the sociology of markets".

relações sociais"[9] e, por conseguinte, a contraposição ao modelo neoclássico de competição perfeita.

Ao fazer um apanhado da tradição da Sociologia dos Mercados, Fligstein e Dauter apontam que a literatura recente da Sociologia Econômica pode ser segmentada em três grupos teóricos gerais a partir de suas bases conceituais: um que emprega o conceito de redes (*networks*); um que emprega o conceito de performatividade; e outro que emprega o conceito de instituições.[10] Segundo argumentam os autores, esses três grupos, identificados e segmentados para fins didáticos, assumem uma abordagem comum e concebem os mercados como "arenas sociais onde empresas, seus fornecedores, clientes, trabalhadores e governo interagem", enfatizando a conexão entre atores sociais e como ela afeta seus comportamentos.[11]

Nesta seção, a apresentação sobre a Sociologia Econômica e a Sociologia dos Mercados se prestará, primeiramente, a expor algumas noções e fundamentos gerais que são comuns às variadas vertentes e estruturam o campo sobre alguns eixos compartilhados. Na sequência, a apresentação percorrerá a teoria de Neil Fligstein, expoente afiliado ao grupo teórico embasado no conceito de instituições, acima referenciado. Essa escolha metodológica se deve ao reconhecimento de que a teoria institucional é aquela que mais envolve a economia política em suas análises e, por conseguinte, é aquela que confere maior atenção às ligações entre Estado, Direito e mercados. Esse enfoque se justifica na medida em que viabiliza uma melhor aproximação com o objeto de estudo desta pesquisa, ao focar no papel de governos e do Direito na criação de atributos particulares dos mercados.

É preciso pontuar que a vertente institucionalista da Sociologia Econômica não se confunde com as proposições realizadas pela Nova Economia Institucional. Ainda que as duas perspectivas possam dialogar e gerar avanços interessantes para as duas áreas, esse diálogo não é promovido nesta pesquisa. Não se ignora que existam contribuições

---

[9] GRANOVETTER, Mark. Economic action and social structure: the problem of embeddedness. *American Journal of Sociology*, vol. 91, p. 481–510, 1985.

[10] FLIGSTEIN, Neil; DAUTER, Luke. The sociology of markets. *Annual Review of Sociology*, vol. 33, p. 105-128, 2007, p. 107.

[11] FLIGSTEIN, Neil; DAUTER, Luke. The sociology of markets. *Annual Review of Sociology*, vol. 33, p. 105-128, 2007, p. 107 p. 107: "All three approaches rely on viewing markets as social arenas where firms, their suppliers, customers, workers, and government interact, and all three approaches emphasize how the connectedness of social actors affects their behaviour".

importantes da Nova Economia Institucional para o tema em debate, mas explicita-se que, por opção metodológica, a abordagem deste estudo percorrerá o institucionalismo a partir da sua referência sociológica.

A exposição não pretende, certamente, exaurir o campo de estudo, mas, sim, apresentar algumas perspectivas da Sociologia Econômica e mostrar com quais problemas, objetos e variáveis ela lida, no intuito de observar como a abordagem sociológica concebe os mercados como instituições arquitetadas a partir de um conjunto complexo de estruturas e processos sociais.

A partir dessa exposição, esta seção pretende fornecer as linhas teóricas gerais para pensar a relevância da dimensão social na composição e continuação do capitalismo e dos mercados, para que, nas seções seguintes, avancemos na reflexão sobre como essa dimensão social deve ser considerada para a regulação econômica e concorrencial, tendo em vista, especialmente, o contexto histórico, político e cultural que antecedeu e perdurou no capitalismo brasileiro.

1.1.1 Noções e fundamentos gerais

Embora o campo tenha evoluído e se consolidado a partir de vertentes múltiplas e distintas, é possível agrupar os entendimentos comuns que fundamentam a disciplina contemporânea da Sociologia Econômica e dos Mercados.[12] Assim, Swedberg e Granovetter, mesmo reconhecendo que a tradição central da Sociologia Econômica atrai fontes diversas, sugerem que há um núcleo comum de proposições à disciplina, do qual eles destacam três entendimentos gerais:[13]

1. A ação econômica é uma forma de ação social;
2. A ação econômica é socialmente situada; e
3. Instituições econômicas são construções sociais.

---

[12] Fala-se, aqui, em disciplina "contemporânea" porque não se pretende retraçar as raízes tidas como clássicas da Sociologia Econômica e dos Mercados, que remontariam a Marx Weber, Karl Marx e Émile Durkheim, no período a partir do final do século XIX. Opta-se, neste estudo, por abordar os desenvolvimentos mais recentes da disciplina, a partir da década de 1980, e que fazem jus à nomenclatura de "Nova Sociologia Econômica", como já citado.

[13] SWEDBERG, Richard; GRANOVETTER, Mark. Introduction. *In:* GRANOVETTER, Mark; SWEDBERG, Richard (eds.). *The sociology of economic life.* Boulder: Westview Press, 1992, p. 1-26, p. 6.

A respeito da primeira proposição, os autores indicam que há concordância entre economistas e sociólogos da economia de que a ação econômica, de modo geral, é um tipo de comportamento relacionado com a escolha entre meios escassos para usos alternativos, mas que, nesse mesmo ponto, se encerrariam as concordâncias, uma vez que a concepção do termo pela teoria econômica *mainstream*[14] seria muito extrema ao eliminar todos os motivos não econômicos que influenciam o comportamento.

Retomando lições de Weber e Durkheim, Swedberg e Granovetter expõem que uma "ação econômica pura" falharia em agregar pessoas, havendo outros vínculos que se estendem e conectam para além do momento preciso da troca econômica.[15] A ação econômica não pode, portanto, estar isolada de outras influências ditas "não econômicas", uma vez que, como tipo de ação social, ela sempre estará orientada por representações coletivas, na terminologia de Durkheim, ou por construções de sentidos, na terminologia weberiana. Essa compreensão seria comum à Sociologia Econômica como campo de estudo.

Em relação à segunda proposição, Swedberg e Granovetter argumentam que a ação econômica é socialmente situada e não pode ser explicada com referência apenas a motivos individuais, estando imbricadas (*embbeded*) em redes (*networks*) contínuas de relações pessoais, em vez de serem realizadas por agentes atomizados. Uma ação na rede é sempre imbricada, porque é expressa em interação com outras pessoas ou grupos.[16] Não se explica, portanto, a ação econômica com

---

[14] Neste estudo, o termo *mainstream*, relacionado à teoria econômica, busca designar a influência e dominância que as teorias clássica e neoclássica tiveram sobre o pensamento econômico geral, de modo transversal sobre vertentes variadas, ainda que se compreenda que as premissas originárias dessas tradições vêm sendo refinadas e modificadas ao longo do tempo. Quando se fala em teoria econômica *mainstream*, portanto, o termo funciona como um rótulo para expressar as ideias e pressupostos que remontam às teorias mencionadas e ainda hoje gozam de prestígio e preponderância na tradição econômica.

[15] SWEDBERG, Richard; GRANOVETTER, Mark. Introduction. *In*: GRANOVETTER, Mark; SWEDBERG, Richard (eds.). *The sociology of economic life*. Boulder: Westview Press, 1992, p. 1-26, p. 7: "Among the pioneers, Durkheim, for example, has especially emphasized how pure economic action fails to bind people together for more than a few moments. In The Division of Labor in Society, he said, "even where society rests wholly upon the division of labour, it does not resolve itself into a myriad of atoms juxtaposed together, between which only external and transitory contact can be established". He stressed that "The members are linked by ties that extend well beyond the very brief moment when the act of exchange is being accomplished" (Durkheim [1893] 1984:173).

[16] SWEDBERG, Richard; GRANOVETTER, Mark. *Introduction. In*: GRANOVETTER, Mark; SWEDBERG, Richard (eds.). *The sociology of economic life*. Boulder: Westview Press, 1992, p. 1-26, p. 9: "Economic action is socially situated and cannot be explained by reference to

base em interesses exclusivamente individuais, mas sempre com referência a motivos humanos coletivos, como sociabilidade, aprovação, *status* e poder.[17]

Isso significa situar a ação econômica em um contexto social, na medida em que se rejeita a premissa de que a ação econômica pode ser realizada em um ambiente econômico abstrato, um mercado higienizado de relações sociais e interpessoais, por agentes isolados de influências de outra ordem que não aquela "puramente econômica". Com isso, a Sociologia Econômica partilha o fundamento de que a própria noção de que existiria algo puramente econômico é equivocada e não encontra espaço na realidade, que é sempre socialmente situada.

Sobre a terceira proposição, Swedberg e Granovetter justificam sua importância para demonstrar que a Sociologia Econômica também dedica preocupações e pode contribuir com a análise de aspectos macroeconômicos, como a intervenção estatal na economia e os ciclos econômicos.[18] Ao fazê-lo pela abordagem das instituições, a Sociologia Econômica reprova a asserção da teoria econômica de que as instituições seriam soluções eficientes aos problemas de mercado.

A rejeição dessa asserção perpassa pela compreensão de que as instituições não existem como produtos objetivos ou realidades externas, mas, sim, como resultados de um processo lento de criação social. As instituições não decorrem, portanto, meramente de escolhas econômicas em prol de uma eficiência alocativa, podendo, em verdade, muitas vezes negar a produção de eficiências, uma vez que elas decorrem de contingências e contextos históricos, culturais, políticos. Daí a afirmação, rememorada por Swedberg e Granovetter, de Berger e Luckmann, na obra *The Social Construction of Reality*, de que é "impossível compreender

---

individual motives alone. It is embedded in ongoing networks of personal relationships rather than being carried out by atomized actors. By network we mean a regular set of contacts or similar social connections among individuals or groups. An action by a member of a network is embedded, because it is expressed in interaction with other people".

[17] GRANOVETTER, Mark. *Problems of explanation in economic sociology. In*: NOHRIA, Nitin; ECCLES, Robert (eds.). *Networks and organizations*. Cambridge: Harvard Business School Press, 1992, p. 25-56, p. 26.

[18] SWEDBERG, Richard; GRANOVETTER, Mark. *Introduction. In*: GRANOVETTER, Mark; SWEDBERG, Richard (eds.). *The sociology of economic life*. Boulder: Westview Press, 1992, p. 1-26, p. 13: "Macroeconomic issues such as business cycles and the intervention of the state in the economy can be illuminated by a sociological approach".

uma instituição sem compreender o processo histórico em que ela foi produzida".[19]

Essas proposições evidenciam o empenho da Sociologia Econômica em perfurar a clausura da teoria econômica, que à época já se pretendia e se fazia isolada das demais ciências sociais aplicadas, e introduzir a teoria social no estudo da economia e dos mercados. Esse empenho se justifica pelo acerto em conceber a verdadeira complexidade da realidade social, da qual a economia e os mercados não escapam, posto que nela se inserem. Ao qualificar a ação econômica como social e situá-la em um contexto social, reconhecendo que é esse mesmo contexto que constrói as instituições, a Sociologia Econômica nada mais faz do que perceber e constatar a realidade das interações que se desenrolam nos mercados e, com isso, é capaz de apreender dimensões que escapavam – ou ainda escapam – aos economistas.

Em entendimento similar, Fligstein e Dauter indicam que uma inquietação primordial que guiou as ideias basilares da disciplina consistiu na dúvida de que a economia, ao menos em sua perspectiva *mainstream*, pudesse suficientemente captar tudo aquilo que ocorre nos mercados. Os estudos iniciais do campo refutavam, então, a premissa da economia neoclássica de que os agentes de mercado eram atomizados, uma vez que eles percebiam que as relações sociais pareciam cruciais, em diversos sentidos, para o funcionamento dos mercados e para os seus agentes.[20] Essa percepção está ancorada no já mencionado conceito de *embeddedness*, ou *imbricamento*,[21] que desempenha papel central na disciplina e pode ser tomado, em sua generalidade, como um eixo comum estruturante da Sociologia dos Mercados.

---

[19] BERGER, Peter; LUCKMANN, Thomas. *The social construction of reality*: a treatise in the sociology of knowledge. 6. ed. Londres: Penguin Books, 1991, p. 72: "It is impossible to understand an institution adequately without an understanding of the historical process in which it was produced".

[20] FLIGSTEIN, Neil; DAUTER, Luke. The sociology of markets. *Annual Review of Sociology*, vol. 33, p. 105-128, 2007, p. 109-110.

[21] Embora algumas traduções se utilizem dos termos "incrustação" ou "imersão", optou-se aqui pelo uso do conceito de imbricamento, por se compreender que o termo reflete melhor, inclusive em sentido gráfico e imagético, a situação em que as ações econômicas estão profundamente envolvidas ou entremeadas no tecido social, não sendo dele dissociáveis ou destacáveis. É válido aqui registrar um agradecimento específico e especial a meu amigo e colega Angelo Prata de Carvalho, com quem prazerosamente discuti e refleti sobre o termo e sua tradução.

1.1.2 O imbricamento da economia

Primeiramente difundido por Karl Polanyi, em 1944, na obra *The Great Transformation*, e, posteriormente, retomado e desenvolvido por Mark Granovetter, em 1985, no artigo *Economic Action and Social Structure: The Problem of Embeddedness*, o termo *imbricamento* busca captar a realidade em que as transações econômicas se desenrolam imiscuídas em um conjunto complexo de relações sociais, que envolvem desde aspectos culturais, como os religiosos e familiares, aos políticos e sociais.

Como expõem Block e Somers, para Polanyi, a economia humana está sempre e em todo lugar *imbricada* na sociedade e isso significa dizer que economias – mesmo as de mercado – se constituem de compreensões culturais, valores compartilhados e um amplo conjunto de ações governamentais que possibilitam as trocas de mercado.[22] Essa noção é basilar para o pensamento, as reflexões e as críticas que Polanyi tece em *The Great Transformation*. Sua construção, a partir de uma análise social, histórica e comparativa, empenha-se em rechaçar a conceituação disseminada pela teoria econômica neoclássica de que os mercados seriam entidades autônomas e autorreguladas que dispensariam intervenções estatais. Para Polanyi, tal ideologia de "mercados livres", isolados de qualquer interferência social, política ou cultural, não passaria de uma utopia.[23] Esses três elementos atribuídos aos mercados – autonomia, autorregulação e separação do Estado – são gravemente contestados pela noção de Polanyi de *embeddedness*.

Primeiramente, a investigação de Polanyi sobre sistemas econômicos em sociedades pré-capitalistas evidenciou que os mercados, ainda que existentes em diversas formas de vida social, eram acessórios e se subordinavam aos aspectos sociais e culturais para estabelecer relações

---

[22] BLOCK, Fred; SOMERS, Margaret. R. *The power of market fundamentalism*: Karl Polanyi's critique. Cambridge: Harvard University Press, 2014, p. 9: "For Polanyi, the human economy is always and everywhere embedded in society (see Chapter 3, this volume). By this he means that even "free" market economies consist of cultural understandings, shared values, legal rules, and a wide range of governmental actions that make market exchange possible".

[23] POLANYI, Karl. *A grande transformação*: as origens políticas e econômicas do nosso tempo. Tradução de Miguel Serras Pereira. Lisboa: Edições 70, 2012. 661 p. *E-book*. (História & Sociedade), p. 144: "A nossa tese é que a ideia de um mercado capaz de autoajustar era uma mera utopia. Semelhante instituição não poderia existir duradouramente sem aniquilar a substância natural e humana da sociedade; destruiria fisicamente o homem e transformaria o seu meio ambiente num deserto".

duradouras de segurança e confiança que permitissem as trocas.[24] Os mercados não eram, portanto, espaços dissociados do corpo social, mas nele envolvidos. A premissa de "autonomia" dos mercados é um mito criado pela e na *sociedade de mercado*, instaurada a partir da Revolução Industrial e do capitalismo, por meio do qual se pretendeu cingir uma esfera dita econômica de outras – política, social, cultural – ditas "não econômicas".

Essa pretensão, contudo, é falaciosa, segundo expõe Polanyi. A existência de um sistema econômico para organização da produção e distribuição de bens nas sociedades não implica a existência de institui- ções econômicas separadas delas, vez que a ordem econômica é uma das funções da ordem social.[25] O isolamento – ou, ao menos, a pretensão de isolamento – da atividade econômica é um produto particular da socie- dade de mercado, que se subordinou à economia de mercado e aos seus mecanismos,[26] atribuindo aos mercados as forças motoras e controladoras de todos os processos da sociedade. Com isso, Polanyi busca argumentar que a economia de mercado é uma especificidade histórica e não o ápice inescapável de uma evolução natural da economia, como se os sistemas econômicos pretéritos tivessem de culminar nesse ponto.

---

[24] POLANYI, Karl. *A grande transformação*: as origens políticas e econômicas do nosso tempo. Tradução de Miguel Serras Pereira. Lisboa: Edições 70, 2012. 661 p. *E-book*. (História & Sociedade), p. 243: "A permuta e a troca são práticas comuns em quase todos os tipos de sociedade primitiva, mas tidas por aspectos secundários, pois não são elas que fornecem os bens necessários à existência. Nos grandes sistemas antigos de redistribuição, os atos de troca e os mercados locais eram correntes, mas nem por isso constituíam mais do que um traço subordinado. O mesmo vale para as condições governadas pela reciprocidade: os atos de troca encontram-se habitualmente incrustados em relações duradouras que supõem segurança e confiança, e tais condições tendem a toldar o caráter bilateral da transação. Os fatores restritivos ligam-se a toda a espécie de aspectos de ordem sociológica: as leis e os costumes, a religião e a magia contribuem igualmente para o resultado, que é limitar o campo das trocas do ponto de vista das pessoas e dos objetos, bem como do tempo e da ocasião".

[25] POLANYI, Karl. *A grande transformação*: as origens políticas e econômicas do nosso tempo. Tradução de Miguel Serras Pereira. Lisboa: Edições 70, 2012. 661 p. *E-book*. (História & Sociedade), p. 260-261: "Mas trata-se de uma tese que assenta numa falácia. É certo que nenhuma sociedade pode existir sem um sistema de uma ou de outra espécie que assegure e ordene a produção e a distribuição de bens. Mas isso não implica a existência de instituições econômicas separadas: normalmente, a ordem econômica é simplesmente uma das funções da ordem social. Não existia na sociedade, como vimos, nem sob as condições da tribo, nem sob as do feudalismo, nem sob as do mercantilismo, um sistema econômico separado. A sociedade do século XIX, que isolou a atividade econômica e a imputou a uma motivação econômica à parte, foi uma inovação singular".

[26] POLANYI, Karl. *A grande transformação*: as origens políticas e econômicas do nosso tempo. Tradução de Miguel Serras Pereira. Lisboa: Edições 70, 2012. 661 p. *E-book*. (História & Sociedade), p. 261.

Pelo contrário, apontará Polanyi, a construção de uma economia de mercado resultou de um conjunto deliberado de escolhas políticas e de políticas de governo,[27] o que desde logo evidencia a relevância da atuação estatal na conformação dos sistemas econômicos. Afinal, para Polanyi, a economia, em sentido substantivo, é um *processo instituído* pelas interações humanas e não uma realidade objetiva dada.[28] Em sentido formal, a economia se aproxima da noção de "economizar" e se refere à situação de escolha individual entre as diferentes possibilidades de empregar meios para atingir determinados fins, induzida pela escassez dos meios empregados.[29] Enquanto a acepção formal pode ser tida como um atributo universalizável da vida social, a acepção substantiva do termo capta justamente a realidade empírica dos sistemas econômicos, que se organizam a partir de uma multiplicidade de regras e relações socialmente constituídas e localizadas no tempo e no espaço.

A compreensão da economia como processo instituído implica o reconhecimento de que as instituições econômicas são também constructos sociais, de modo que a opção por uma determinada formatação de sistema econômico é contingencial das relações sociais humanas. Não existe um sistema econômico objetivamente formulado por regras e mecanismos econômicos abstratos, mas, sim, sistemas econômicos *instituídos* a partir dos processos sociais que delimitam os moldes, as regras, o local e a importância das transações econômicas no corpo social. Daí a famosa citação de Polanyi de que:

> A economia humana, portanto, está imbricada e enredada em instituições, econômicas e não econômicas. A inclusão do não-econômico é vital. Posto que a religião ou o governo podem ser tão importantes para a estrutura e o funcionamento da economia quanto as instituições monetárias ou a disponibilidade das ferramentas e máquinas que aliviam a fadiga do trabalho. O estudo do lugar cambiável ocupado pela economia na

---

[27] BLOCK, Fred; SOMERS, Margaret. R. *The power of market fundamentalism*: Karl Polanyi's critique. Cambridge: Harvard University Press, 2014, p. 27: "What we think of as 'modern capitalist society' was, for Polanyi, not the result of underlying inevitable economic mechanisms, but rather the consequence of a series of political choices and explicit government policies".

[28] POLANYI, Karl. The economy as instituted process. *In*: GRANOVETTER, Mark; SWEDBERG, Richard (eds.). *The sociology of economic life*. Boulder, Westview Press, 1992, p. 29-51.

[29] POLANYI, Karl. *A grande transformação*: as origens políticas e econômicas do nosso tempo. Tradução de Miguel Serras Pereira. Lisboa: Edições 70, 2012. 661 p. *E-book*. (História & Sociedade), p. 31: "Formal economics refers, as we said, to a situation of choice that arises out of an insufficiency of means. This is the so-called scarcity postulate".

sociedade não é, portanto, outra coisa senão o estudo da forma como o processo econômico é instituído em diferentes momentos e lugares.[30]

Por consequência, deve-se entender que a formação da economia de mercado moderna, sedimentada sobre a pretensão de autonomia e autorregulação dos mercados, é resultado de um processo de instituição particular e específico. A relevância conferida aos mercados e a tentativa de mantê-los apartados de influências sociais e intervenções governamentais são particularidades dessa instituição específica do sistema econômico e não atributos objetivos e comuns a toda forma de organização da economia.

A concepção de economia como processo instituído dialoga diretamente com a terceira proposição sugerida por Swedberg e Granovetter, mencionada na subseção acima. Os sistemas econômicos não são realidades dadas, mas produtos que derivam de processos sociais complexos. Compreender e adotar essa concepção como perspectiva para o estudo econômico significa olhar para os diversos modelos e estruturas de sistemas econômicos como escolhas e percursos determinados por um conjunto de contingências sociais, culturais e políticas de um determinado tempo e local, reconhecendo que várias outras escolhas poderiam ter sido tomadas e guiado a modelos e estruturas distintas. Não há, portanto, uma forma única de organizar a produção, distribuição e consumo de bens em uma sociedade, tampouco há apenas uma forma de conceber e instituir uma economia de mercado.

Investigações empíricas no campo da Sociologia Econômica têm avançado a partir dessas constatações e o estudo comparado de capitalismos revela que as relações entre governos, proprietários e trabalhadores em diferentes sociedades ensejam uma diversidade considerável de arranjos institucionais, que refletem trajetórias nacionais, históricas e culturais, o que sugere que essas interações produzem estruturas de mercado distintas entre os países. Essas investigações reforçam a

---

[30] Tradução livre de "The human economy, then, is embedded and enmeshed in institutions, economic and noneconomic. The inclusion of the noneconomic is vital. For religion or government may be as important for the structure and functioning of the economy as monetary institutions or the availability of tools and machines themselves that lighten the toil of labor. The study of the shifting place occupied by the economy in society is therefore no other than the study of the manner in which the economic process is instituted at different times and places". Em: POLANYI, Karl. The economy as instituted process. *In*: GRANOVETTER, Mark; SWEDBERG, Richard (eds.). *The sociology of economic life*. Boulder, Westview Press, 1992, p. 29-51, p. 35.

concepção da economia como processo instituído, ao demonstrarem que os mercados não foram concebidos e gerados externamente, mas, foram, sim, originados a partir de construções políticas e sociais particulares de cada sociedade, o que igualmente gera arranjos institucionais particulares.[31]

Por conseguinte, é um produto contingencial a instituição de um sistema econômico que procura apartar os mercados das influências sociais, políticas e culturais e tomá-los como espaços autônomos e autorregulados que guiam as necessidades da sociedade, sendo tal produto resultante das interações que formularam as instituições econômicas capitalistas. Muito embora os capitalistas tenham reivindicado do Estado o aparato político-jurídico que era necessário para a viabilização e estabilização das trocas econômicas, eles também capitanearam o conveniente discurso de que a intervenção estatal fosse mínima, a fim de supostamente preservar o caráter de autorregulação e autonomia dos mercados.

Esse movimento foi captado por Polanyi, quando observou que a economia de mercado se erige sobre o pressuposto de que, uma vez estabelecido o sistema de mercado, ele deve ser deixado para funcionar sem interferências externas.[32] Daí que também se fala que a economia de mercado procurou "desimbricar" (*disembed*) as interações econômicas dos processos e interações sociais, sob a alegação de que o mecanismo de preços seria o único motor das transações nos mercados. O comportamento econômico seria guiado unicamente pela coordenação entre oferta e demanda na formulação dos preços e na busca pelo lucro, o que justificaria a prescrição de deixar os "mercados livres".

---

[31] FLIGSTEIN, Neil; DAUTER, Luke. The sociology of markets. *Annual Review of Sociology*, vol. 33, p. 105-128, 2007, p. 110: "Meanwhile, the study of comparative capitalisms revealed that the relationships between these groups showed remarkable diversity and reflected very much a historical, cultural, and national trajectory (Campbell *et al.*, 1991, Campbell & Lindberg 1990, Fligstein & Choo 2005). This perspective suggested that governments, workers, and capitalists produced market structures that were different across countries (Albert 1993, Berger & Dore 1996, Boyer & Drache 1996, Hall & Soskice 2001, Hollingsworth *et al.*, 1994). Markets were not given by outsiders, but instead reflected the social and political construction of each society, where the history and culture surrounding class relations and the various kinds of interventions by governments produced unique institutional orders".

[32] POLANYI, Karl. *A grande transformação*: as origens políticas e econômicas do nosso tempo. Tradução de Miguel Serras Pereira. Lisboa: Edições 70, 2012. 661 p. *E-book*. (História & Sociedade), p. 147: "Tal é, e nada menos, o que está implícito no simples termo 'sistema de mercado', através do qual designamos o modelo institucional aqui descrito. Mas o traço peculiar mais impressionante do sistema consiste no fato de este, uma vez estabelecido, requerer que lhe permitamos que funcione sem interferências do exterior".

Não é, no entanto, que as instituições econômicas capitalistas não estejam imbricadas no tecido social, mas é que a sociedade de mercado elaborou entendimentos e práticas sociais e culturais que procuram propagar e emplacar tal ideia – e não apenas como um discurso social, mas também como fundamento para a regulação estatal da economia. As interações econômicas hoje se encontram envoltas em um corpo social que, por motivos diversos, dissocia os mercados do restante dos domínios sociais e, ao fazê-lo, não os "desimbricam" dos processos sociais, mas, em realidade, os imbricam em um conjunto distinto de arranjos sociais, políticos, jurídicos e culturais.[33]

Em vista disso, Block e Sommers defendem que, distintamente de outras leituras e críticas feitas a Polanyi,[34] a sua concepção de imbricamento da economia humana não descarta que as economias de mercado estejam ancoradas em um tecido social. Para Block e Sommers, Polanyi emprega o termo *"embeddedness"* como uma expressão agregadora de política, relações sociais e instituições, de modo que compreender a economia de mercado como constantemente imbricada significa reconhecer que os mercados são sempre organizados por meio de práticas políticas e sociais.[35]

Amplia-se, então, a extensão do conceito de *imbricamento* da economia humana. Relacionando a Sociologia Econômica com a Sociologia das Ideias, Block e Sommers vão extrair, da formulação inicial de Polanyi, o aspecto *ideacional* ou *ideológico* (*ideational embeddedness*) do

---

[33] BLOCK, Fred; SOMERS, Margaret. R. *The power of market fundamentalism*: Karl Polanyi's critique. Cambridge: Harvard University Press, 2014, p. 9: "Polanyi's argument here is subtle and complex; he argues that free market ideologues claim that they are disembedding the market from all kinds of destructive controls and constraints. They deny that their favored policies – rolling back welfare provisions, dismantling regulations, and shrinking government – will leave people dangerously exposed to market forces. In reality, however, they are not setting the market free from the state but are instead re-embedding it in different political, legal, and cultural arrangements, ones that mostly disadvantage the poor and the middle class and advantage wealth and corporate interests".

[34] Por exemplo, SWEDBERG, Richard. *Principles of Economic Sociology*. Princeton: Princeton University Press, 2003; ZUKIN, Sharon; DIMAGGIO, Paul. Introduction. *In*: ZUKIN, Sharon; DIMAGGIO, Paul (eds.). *Structures of capital:* the social organization of the economy. Cambridge: Cambridge University Press, 1990, p. 1-36; UZZI, Brian. Social structure and competition in interfirm networks: the paradox of embeddedness. *Administrative Science Quarterly*, vol. 42, p. 35-67, 1997.

[35] BLOCK, Fred; SOMERS, Margaret. R. *The power of market fundamentalism*: Karl Polanyi's critique. Cambridge: Harvard University Press, 2014, p. 10: "As these examples of what we dub the 'always-embedded economy' demonstrate, Polanyi is using 'embeddedness' as a placeholder term for politics, social relations, and institutions. For Polanyi, an always-embedded market economy means that markets are *always* organized through politics and social practices".

imbricamento da economia, por meio do qual se observa que a construção dos processos e estruturas de mercado se assenta sobre um conjunto de ideias, narrativas e discursos sociais:

> Nós damos um passo além, expandindo o imbricamento dos mercados para incluir ideias, narrativas públicas e sistemas explanatórios por meio dos quais Estados, sociedades e culturas políticas constroem, explicam, e normalizam processos de mercado. Como todos os mecanismos familiares que moldam, regulam e organizam mercados, eles estão ideacionalmente imbricados por um ou outro sistema de conhecimento concorrente.[36]

Os autores adotam essa perspectiva no objetivo de explicar como as ideias do "fundamentalismo de mercado" (*market fundamentalism*) conseguiram transformar radicalmente a cultura de conhecimento dominante, observando os mecanismos que permitem que certas ideias exerçam tremenda influência política na conformação da regulação dos mercados e de políticas de bem-estar social. Essa perspectiva se mostra bastante interessante para dialogar e problematizar um conjunto de estudos atuais que argumentam que a imponência da ideologia de livres mercados é fruto de investimentos vultosos de seus apoiadores em propaganda, por meio de *think tanks*, jornais e redes políticas.[37]

Nota-se, então, com o surgimento da Nova Sociologia Econômica a partir da década de 1980, justamente impulsionado pelo resgate do conceito de imbricamento, que se desenvolveram desdobramentos novos e adicionais para o conceito, seja por meio de concordâncias, seja por meio de divergências em relação à acepção inicialmente formulada por Polanyi. No já citado artigo *Economic Action and Social Structure: The Problem of Embeddedness*, Granovetter então propõe que as ações econômicas estão imbricadas em sistemas concretos e contínuos de relações

---

[36] Tradução livre de: "We go a step further, expanding market embeddedness to include the ideas, public narratives, and explanatory systems by which states, societies, and political cultures construct, transform, explain, and normalize market processes. Like all the familiar mechanisms by which markets are shaped, regulated, and organized, they are always *ideationally embedded* by one or another competing knowledge regime". Em: BLOCK, Fred; SOMERS, Margaret. R. *The power of market fundamentalism*: Karl Polanyi's critique. Cambridge: Harvard University Press, 2014, p. 155.

[37] Nesse sentido, ver: REICH, Robert. *Supercapitalism*: the transformation of business, democracy and everyday life. New York: Vintage Books, 2007; KRUGMAN, Paul. *Arguing with zombies*. Economics, politics, and the fight for a better future. New York, W.W. Norton & Company, 2020; ASH, Elliott; CHEN, Daniel L.; NAIDU, Suresh. Ideas have consequences: the effect of law and economics on American justice. *NBER Working Paper Series*, n. 29788, fev. 2022.

sociais, de tal modo que as instituições e comportamentos econômicos são fortemente constrangidos por estruturas eminentemente sociais.

Para Granovetter, é equivocada a abordagem econômica neoclássica que opera com a premissa de que os agentes de mercado são entidades atomizadas que tomam suas decisões baseadas em uma racionalidade isolada do contexto social e dos demais atores econômicos, uma vez que existem evidências empíricas de que as relações econômicas se misturam com as relações sociais. Com isso, Granovetter argumenta, em contraposição à teoria organizacional de Oliver Williamson,[38] que relações complexas nos mercados podem ser estabilizadas por meio do imbricamento, que desempenha o papel de incrementar a confiança e de inibir desvios de conduta entre agentes de mercado nas trocas econômicas,[39] de modo que a hierarquização em firmas não é o único recurso possível para tanto.[40]

Em estudos posteriores, Granovetter aplicou e aprofundou seu argumento inicial para outros contextos e objetos.[41] Segundo observa Swedberg, o conceito empregado por Granovetter apresenta refinamentos e até mesmo divergências em relação ao de Polanyi, mas também tem sido aprimorado por meio de críticas e novos desenvolvimentos por outros sociólogos da economia. Nesse sentido, é interessante fazer menção à elaboração que Brian Uzzi teceu ao conceito de imbricamento de Granovetter,[42] às nuances introduzidas por Sharon Zukin e Paul DiMaggio, que segmentam o imbricamento em seu aspecto não apenas estrutural, mas também em seus aspectos político, cultural e

---

[38] WILLIAMSON, Oliver E. *Markets and hierarchies*: analysis and antitrust implications. New York: Free Press, 1975.

[39] GRANOVETTER, Mark. Economic action and social structure: the problem of embeddedness. *In*: *American Journal of Sociology*, vol. 91, p. 481–510, 1985, p. 490: "The embeddedness argument stresses instead the role of concrete personal relations and structures (or 'networks') of such relations in generating trust and discouraging malfeasance".

[40] GRANOVETTER, Mark. Economic action and social structure: the problem of embeddedness. *In*: *American Journal of Sociology*, vol. 91, p. 481–510, 1985, p. 501: "To this point I have argued that social relations between firms are more important, and authority within firms less so, in bringing order to economic life than is supposed in the markets and hierarchies line of thought".

[41] Cf. GRANOVETTER, Mark. *Society and economy*: the social construction of economic institutions. Cambridge: Harvard University Press, 2000; e GRANOVETTER, Mark; MCGUIRE, Patrick. The making of an industry: electricity in the United States. *In*: CALLON, Michel (ed.). *The laws of the markets*. Oxford: Blackwell, 1998, p. 147-73.

[42] UZZI, Brian. Social structure and competition in interfirm networks: the paradox of embeddedness. *Administrative Science Quarterly*, vol. 42, p. 35-67, 1997.

cognitivo,[43] e à crítica realizada por Greta Krippner em defesa de um novo paradigma sociológico que supere a ideia de imbricamento.[44]

O presente estudo, no entanto, não comporta o aprofundamento sobre as críticas e os desenvolvimentos recentes em torno do conceito, sendo bastante apresentar o imbricamento em sua compreensão genérica atual, como a realidade na qual uma ação econômica é, em princípio, sempre imbricada em alguma forma de estrutura social.[45] Afinal, a despeito das críticas, novas elaborações e refinamentos, a ideia de imbricamento é tida como paradigmática para a Nova Sociologia Econômica e como princípio fundamental organizador da disciplina.[46]

Para esta obra, o conceito realiza uma valiosa contribuição para enxergar o funcionamento dos mercados a partir de um novo lugar e compreender que as instituições econômicas são produtos sociais, em vez de realidades objetivas e abstratas. O imbricamento da economia é capaz de preencher diversas das lacunas que fragilizam noções econômicas tradicionais que, em geral, apenas apreendem o mercado como "um grupo de empresas ou indivíduos que se contatam no intuito de comprar ou vender algum bem".[47] Esses conceitos tendem a focar no mecanismo de preços pelo equilíbrio da oferta e da demanda como uma regra universal dos mercados e muito pouco falam sobre como ocorre o "contato" que viabiliza as trocas econômicas.

O imbricamento evidencia como o contato entre os agentes nos mercados está envolto em uma rede de interações sociais e em um sistema cultural de significados, normas, regras e roteiros cognitivos. As transações econômicas não se fazem descoladas das relações sociais, motivo pelo qual se argumenta que os mercados devem ser percebidos

---

[43] ZUKIN, Sharon; DIMAGGIO, Paul. Introduction. *In*: ZUKIN, Sharon; DIMAGGIO, Paul (eds.). *Structures of capital:* the social organization of the economy. Cambridge: Cambridge University Press, 1990, p. 1-36.

[44] KRIPPNER, Greta R. The elusive market: embeddedness and the paradigm of Economic Sociology. *Theory and Society*, vol. 30, p. 775-810, 2001.

[45] SWEDBERG, Richard. *Principles of Economic Sociology*. Princeton: Princeton University Press, 2003, p. 28: "The most famous concept that is associated with Polanyi's work these days is 'embeddedness,' and it should therefore be pointed out that Polanyi used this concept in a different way than it is typically used today (cf. Barber 1995). According to the current use, an economic action is in principle always 'embedded' in some form or another of social structure".

[46] KRIPPNER, Greta R. The elusive market: embeddedness and the paradigm of Economic Sociology. *Theory and Society*, vol. 30, p. 775-810, 2001, p. 775: "The notion of embeddedness enjoys a privileged and as of yet, largely unchallenged position as the central organizing principle of economic sociology".

[47] MANSFIELD, E. *Principles of microeconomics*. New York: W.W. Norton, 1972.

CAPÍTULO 1
MERCADOS COMO INSTITUIÇÕES SOCIAIS E IMPLICAÇÕES PARA O CONTROLE JURÍDICO DO PODER ECONÔMICO | 43

como culturas,[48] em vez de um espaço moldado por regras estanques e universalizáveis que determinariam o comportamento econômico.

Deve-se conceber, então, que a racionalidade dos agentes nos mercados não é abstrata e universalizável, como preconiza a teoria econômica neoclássica, mas é, sim, uma *racionalidade local*,[49] contextualizada e referenciada em conjuntos próprios de compreensões mútuas compartilhadas que propiciam a ocorrência e a repetição das transações econômicas. Essas compreensões emergem de interações sociais e se institucionalizam como *regras constitutivas*[50] dos mercados, ditando quais recursos e ações podem ser empregados pelos agentes na busca por seus interesses.

As regras constitutivas dos mercados, como roteiros institucionalizados tacitamente entre os agentes, emergem do imbricamento das trocas econômicas. Essas regras não se formalizam, contudo, como produtos de um suposto comportamento individualista maximizador de eficiências, mas como produtos de uma cultura local.[51] O imbricamento implica reconhecer que a construção dos mercados reflete as relações sociais, políticas e culturais[52] nas quais está envolta e evidencia

---

[48] ABOLAFIA, Mitchel Y. Markets as cultures: an ethnographic approach. *In*: CALLON, Michael (ed.) *The laws of the markets*. Oxford: Blackwell Publishers, 1998, p. 69-85.

[49] ABOLAFIA, Mitchel Y. Markets as cultures: an ethnographic approach. *In*: CALLON, Michael (ed.) *The laws of the markets*. Oxford: Blackwell Publishers, 1998, p. 74: "Economists, and in particular financial economists, treat rationality as a cultural universal (...) The markets-as-cultures perspective treats rationality as a community-based, context-dependent cultural form. Rationality on the trading floor is different from the rationality of cattle dealers or auto dealers. A cultural approach endeavours to identify context specific cognitive limits and socially constructed local forms of rationality. The ethnographer explores the market participants' construction of the decision making process and the individual as well as social means of establishing value in the marketplace".

[50] ABOLAFIA, Mitchel Y. Markets as cultures: an ethnographic approach. *In*: CALLON, Michael (ed.) *The laws of the markets*. Oxford: Blackwell Publishers, 1998, p. 69-85, p. 70-71: "The cultural analyst of markets will find that market makers, those actors who buy and sell in a market on a continuous and frequent basis, are guided by numerous informal and formal rules. Many of these rules are rules designed to govern the pursuit of regulative self-interest (...) Although many constitutive rules, like the rule of price integrity, are based on norms and values about what is appropriate, there is a second, more tacit kind of constitutive rule that is based on institutionalized scripts that are taken for granted (...) These are the scripts by which the market is reproduced on a daily basis. To members of the culture, these assumptions are beyond question. There is little fear of rule violation because everyone agrees that this is how the market is made".

[51] ABOLAFIA, Mitchel Y. Markets as cultures: an ethnographic approach. *In*: CALLON, Michael (ed.) *The laws of the markets*. Oxford: Blackwell Publishers, 1998, p. 72: "Rather than the calculative unit actor described by economists, we see an astute participant suing a toolkit of strategies that is culturally available in the market".

[52] FLIGSTEIN, Neil; DAUTER, Luke. The sociology of markets. *Annual Review of Sociology*, vol. 33, p. 105-128, 2007, p. 110: "Markets were not given by outsiders, but instead reflected the

a importância das dinâmicas de poder que determinam quais interações e comportamentos serão institucionalizados como regras e roteiros estruturantes de determinado mercado.[53,54]

As instituições econômicas não são, portanto, objetivas ou neutras, já que a cultura local dos mercados é influenciada e produzida a partir de dinâmicas de poder. O poder é o que determina, inclusive, a produção de sentidos que elencam determinados comportamentos como sendo racionais e eficientes e outros como irracionais e ineficientes do ponto de vista econômico. Em vista disso, como já mencionado, a Sociologia Econômica refuta vigorosamente a ideia de que apenas sobrevivem e perduram nos mercados as instituições que seriam eficientes: em verdade, o estabelecimento e a permanência de instituições econômicas decorrem de estruturas e processos sociais, sendo plenamente possível que instituições não eficientes perdurem em razão das relações políticas e sociais que imbricam a economia.

Não à toa, a Sociologia Econômica já demonstrou, em diversos estudos empíricos, como as interações sociais são definidoras dos rumos econômicos, muitas vezes em detrimento do que seria tido como mais eficiente ou racional do ponto de vista econômico. É válido citar aqui o caso estudado por Davis, Diekmann e Tinsley,[55] que elucida como a transição de um modelo de firma conglomerada para um modelo de firma com foco único, na década de 1980 nos Estados Unidos, se deu como um mito de nova racionalidade corporativa.

Os autores expõem que havia um entendimento prévio que prescrevia que grandes empresas deveriam possuir um portfólio amplo de produtos como forma de diversificar seus riscos. Esse entendimento foi

---

social and political construction of each society, where the history and culture surrounding class relations and the various kinds of interventions by governments produced unique institutional orders".

[53] DOBBIN, Frank. Comparative and historical approaches to economic sociology. *In*: SMELSER, Neil J.; SWEDBERG, Richard. Introducing Economic Sociology. *In*: SMELSER, Neil J.; SWEDBERG, Richard (eds.). *The handbook of economic sociology*. Princeton: Princeton University Press, 2005, p. 26-48, p. 27: "Power relations shape economic behavior, both directly, as when a powerful firm dictates to a weak supplier, and indirectly, as when a powerful industry group shapes regulation to its own advantage".

[54] ABOLAFIA, Mitchel Y. Markets as cultures: an ethnographic approach. *In*: CALLON, Michael (ed.) *The laws of the markets*. Oxford: Blackwell Publishers, 1998, p. 77: "Existing market culture reflects the efforts of powerful market actors to shape and control their environment even as it is shaping and controlling them".

[55] DAVIS, Gerald F.; DIEKMANN, Kristina A.; TINSLEY, Catherine H. The decline and fall of the conglomerate firm in the 1980s: the deinstitutionalization of an organizational form. *American Sociological Review*, 1994, vol. 59, n. 4, p. 547-570.

modificado a partir de uma série de elementos conjunturais que não são exclusivamente econômicos, mas também derivam de processos sociais.

Como explicam os autores, houve primeiramente uma mudança nas *instituições*, quando a administração Reagan promoveu flexibilizações nas normas antitruste, que possibilitaram que as empresas realizassem fusões e aquisições dentro de uma mesma indústria. Houve, em conjunto, a influência do *poder* dos investidores institucionais, que, por controlarem diversos blocos de empresas, tinham preferência por um modelo com foco único como modo de facilitar as avaliações de mercado.

Desenvolveu-se, então, uma *rede* de especialistas que se dedicaram a adquirir e segmentar os grandes conglomerados que começaram a perder valor de mercado em decorrência do desinteresse dos investidores institucionais. Por fim, também se desenvolveu um *quadro cognitivo* bastante atrativo para as empresas, que acreditaram que as firmas deveriam se especializar em indústrias que valorizassem a expertise administrativa da empresa.[56]

A virada na estratégia corporativa decorreu, portanto, de uma combinação de elementos e estruturas eminentemente sociais. Ainda que se pudesse argumentar que a escolha por um modelo de firma com foco único atende a parâmetros mais eficientes e redutores de custos de transação, não é possível articular essa virada de estratégia somente a partir do mecanismo de competição e da lógica maximizadora de eficiências, como muitas vezes a teoria econômica neoclássica argumenta.

Similares a esse estudo, somam-se diversas pesquisas que evidenciam como os comportamentos econômicos são moldados por estruturas sociais e podem ser apreendidos por uma lente sociológica. Nesse sentido, Fligstein observa que a emergência de grandes corporações nos Estados Unidos na virada para o século XX se deu principalmente como uma tentativa de controlar a concorrência em certas indústrias e não como decorrência da busca por aumento de eficiências.[57] Dobbin, por sua vez, nota como as relações entre Estado e empresas formataram indústrias de ferrovias mais como um reflexo de diferenças em

---

[56] DAVIS, Gerald F.; DIEKMANN, Kristina A.; TINSLEY, Catherine H. The decline and fall of the conglomerate firm in the 1980s: the deinstitutionalization of an organizational form. *American Sociological Review*, 1994, vol. 59, n. 4, p. 547-570.

[57] FLIGSTEIN, Neil. *The transformation of corporate control*. Cambridge: Harvard University Press, 1990.

cultura e política do que diferenças sobre modelos de eficiências.[58] Ainda, Uzzi e Lancaster realizaram estudos que demonstraram como os relacionamentos sociais nos mercados desempenhavam o papel de produzir preços mais estáveis[59] e Stuart e Sorenson mostraram como a estruturação social dos mercados afetou gravemente o surgimento e o desaparecimento de empresas de pequeno porte.[60]

Esse conjunto de estudos expõe uma realidade muito mais complexa sobre a formação e o desenvolvimento das instituições econômicas que organizam os mercados e orientam o comportamento econômico dos agentes. O imbricamento da economia é uma concepção potente para ampliar as compreensões sobre como se formulam as regras e costumes que viabilizam as trocas econômicas, contestando as abordagens que contemplam os mercados como realidades abstratas, dadas e objetivas, sobre as quais não incidem influências sociais, políticas e culturais.

Como será problematizado ao fim deste capítulo, esse *insight* geral promovido pela Sociologia Econômica permite revisitar o debate sobre a regulação jurídica dos mercados com a incorporação de dimensões sociais que costumam ser excluídas das ponderações sobre a formação das instituições econômicas e sobre o papel da intervenção estatal sobre tais dimensões.

1.1.3 A Sociologia dos Mercados de Neil Fligstein

Após a exposição geral sobre a Sociologia Econômica e o enfoque no conceito de imbricamento da economia, esta seção pretende apresentar a introdução conceitual da obra *The Architecture of Markets*, de Neil Fligstein, aqui tomada como marco teórico referencial para explanar uma possível concepção sociológica sobre a estruturação dos mercados. A escolha da obra citada como marco teórico justifica-se em razão do empenho do autor em produzir uma sistematização da Sociologia Econômica como teoria geral, em diálogo com visões mais amplas sobre a sociedade e as mudanças sociais, tomadas como objeto da análise sociológica geral. Em decorrência, a obra citada fornece elementos sólidos

---

[58] DOBBIN, Frank. *Forging industrial policy*: The United States, Britain, and France in the Railroad Age. Cambridge: Cambridge University Press, 1994.

[59] UZZI, Brian; LANCASTER, Ryon. Embeddedness and price formation in the corporate law market. *American Sociological Review*, *vol*. 69, 2004, p. 319-344.

[60] STUART, T; SORENSON, O. Liquidity events and the geographic distribution of entrepreneurial activity. *Administrative Science Quarterly*, vol. 48, 2004, p. 175-201.

e coesos para apresentar uma Sociologia dos Mercados teoricamente consistente e abrangente.

Além disso, a teoria de Fligstein é bem sucedida e convincente em demonstrar, a partir de bases teóricas, como os agentes econômicos se articulam em um sistema de poder e se valem de relações políticas para interferir e determinar a composição das instituições de mercado. A competição pode ser percebida como um dos motivos que instigam essa interferência, na medida em que é uma força desestabilizadora das relações nos mercados e, por isso mesmo, desperta nos atores o intuito de elaborar regras e entendimentos que atenuem a concorrência em sentidos que lhes são favoráveis.

Embora a competição não seja tomada como foco da análise sociológica, é um empenho deste trabalho perceber como ela assume posição destacada na conformação dos mercados, já que se admite que a estruturação social dos mercados se dá, em larga medida, como resposta aos problemas decorrentes da competição (juntamente com aqueles decorrentes das trocas).[61] Sobretudo, procura-se perceber como essa posição destacada da competição deve ou pode ser apreendida pela disciplina jurídica da concorrência, na medida em que essa posição mobiliza uma importante aproximação entre poderes político e econômico, como será exposto.

1.1.3.1 Campos, arranjos sociais e mercados estáveis

No imaginário comum, a criação de riquezas na sociedade de mercado é conduzida pela inovação e pela concorrência. Assim, o surgimento de novos mercados resultaria da invenção de uma novidade tecnológica que, por sua vez, atrairia a entrada de empresas para o mercado recém-criado e gera o movimento de competição que impele os agentes econômicos a produzir de modo mais eficiente e mais barato. Os vencedores serão aqueles agentes capazes de vender os produtos com maior qualidade e menor preço, até que uma outra inovação, no produto ou no modelo de negócios, transforme o mercado criado ou dê origem a novas formas de criar riqueza.

Essa história imaginada é, para Fligstein, representativa do dinamismo das sociedades de mercado modernas, porém incompleta

---

[61] FLIGSTEIN, Neil; DAUTER, Luke. The sociology of markets. *Annual Review of Sociology*, vol. 33, p. 105-128, 2007, p. 117: "The social structuring of markets is generally in response to the problems of competition and exchange".

e parcial sobre a formação e a operação de mercados reais. Esse dinamismo, argumenta Fligstein, não é possível sem o envolvimento profundo de empreendedores, administradores, trabalhadores, empresas e governos para criação e exploração de oportunidades, para obtenção de financiamento e recursos, para a construção de uma empresa, para a mediação de conflitos entre empregadores e empregados e para a estabilização de interações em face aos competidores. Esse dinamismo também não é possível sem um pano de fundo de compreensões partilhadas, regras e normas jurídicas, que são quase sempre proporcionadas por governos.[62]

Todos esses elementos combinados demonstram que o dinamismo da sociedade de mercado só é possível em razão de uma ampla organização *social* – estruturas sociais, relações sociais e instituições – que viabiliza e estabiliza as trocas econômicas, de modo que até mesmo a concorrência e a inovação, como forças motoras da atividade econômica, são moldadas pelas relações sociais que são endógenas aos mercados. As estruturas de mercados envolvem, portanto, diversas estruturas sociais complexas, e o empenho de formular uma perspectiva sociológica sobre a criação e o funcionamento dos mercados é justamente o de evidenciar como os processos mercadológicos são moldados por estruturas e relações sociais.

A fim de formular tal perspectiva de modo suficientemente abrangente e coeso, Fligstein sugere que uma Sociologia dos Mercados deve se dedicar a refletir sobre as seguintes questões teóricas principais: 1) Quais regras sociais devem existir para que mercados funcionem e quais tipos de estruturas sociais são necessárias para a produção de mercados estáveis?; 2) Qual é a relação entre Estados e empresas na produção dos mercados?; 3) O que é uma visão "social" daquilo que os atores buscam fazer nos mercados, em oposição a uma visão "econômica"?; 4) Quais são as dinâmicas pelas quais os mercados são criados, conquistam estabilidade e são transformados, e como é possível caracterizar as relações entre mercados?; e 5) Quais são as implicações da dinâmica de mercado para a estruturação interna de empresas e mercados de trabalho, mais genericamente?[63]

---

[62] FLIGSTEIN, Neil. *The architecture of markets*. An economic sociology of twenty-first century capitalist societies. Princeton: Princeton University Press, 2001. Capítulo 1.

[63] *Ibidem*, p. 11-14.

Para se aproximar dessas questões, o autor desenvolve uma "abordagem político-cultural", com pretensões normativas para orientar políticas públicas, cuja principal contribuição é considerar que a ação social ocorre em arenas, que podem ser denominadas como campos (*fields*), domínios, setores ou espaços sociais organizados. Os campos contêm atores coletivos que tentam produzir um sistema de dominação naquele espaço e, para tanto, requer-se a produção de uma cultura local que defina as relações sociais locais entre atores. Para Fligstein, aplicar a teoria dos campos para os mercados é uma forma de criar uma visão alternativa às visões econômicas sobre como os atores se comportam e por que os mercados possuem estruturas sociais.[64]

A teoria dos campos, como uma teoria geral de organização social na modernidade, presume que atores tentam produzir um "mundo local estável", onde os atores dominantes produzem sentidos que os permitem multiplicar suas vantagens. Esses atores buscam criar um sistema estável de poder e, depois de criá-lo, mantê-lo dessa forma. Como aponta o autor, o *insight* aberto por essas abordagens evidencia que o mercado, como campo, depende não apenas do poder dos atores dominantes, mas, em verdade, depende mais de regras gerais da sociedade para estabilizar esse poder.[65]

Por conseguinte, são incumbentes as empresas que dominam um dado mercado ao criar relações estáveis com outros produtores, fornecedores, clientes, trabalhadores e governo e, assim, consolidam sua posição de dominância – isto é, a posição de definir ou influenciar as regras gerais que conduzem a cultura local do campo em benefício de seus interesses. Nas economias de mercado, as interações estáveis são desejáveis para auxiliar os agentes a lidarem com a competição e a manterem seus empreendimentos vivos. O que a teoria dos campos sugere, então, é que a busca por interações estáveis é a principal causa para o desenvolvimento de estruturas sociais nos mercados.

---

[64] FLIGSTEIN, Neil. *The architecture of markets.* An economic sociology of twenty-first century capitalist societies. Princeton: Princeton University Press, 2001, p. 16: "By applying the theory of fields to markets, one produces an account that provides an alternative to economic views of how actors behave and why markets have social structures".

[65] FLIGSTEIN, Neil. *The architecture of markets.* An economic sociology of twenty-first century capitalist societies. Princeton: Princeton University Press, 2001, p. 28: "The key insight is that markets are a kind of field, one that depends not just on the power of incumbents, but on more general rules in society in order to stabilize the power of incumbents. Then, it is important to consider how governments in modern capitalist societies have been constructed to deal with problems of market regulation".

Considerando que mercados competitivos produzem instabilidades, Fligstein observa que, quando do surgimento das economias de mercado, a necessidade de estabilização das relações impeliu as empresas capitalistas rumo à formação de Estados. A teoria de Fligstein destaca, com isso, que o lugar do Estado como regulador da economia não se estabelece *a despeito* das intenções e vontades dos grupos capitalistas, mas *porque* os grupos capitalistas tinham intenções e vontades de facilitar a estabilização de entendimentos e poder. E, como definidores das regras que visam a estabilizar os mercados, os Estados estão também profundamente envolvidos na definição das estruturas sociais dos mercados.

Ressalta-se, contudo, que a estabilidade não é um apenas um produto local, mas é resultado do engajamento da sociedade como um todo. Fligstein contesta, então, o entendimento da teoria econômica de que as forças de mercado seriam a principal forma para alcançar a alocação eficiente dos recursos de uma sociedade, argumentando que é no contexto de um conjunto de relações sociais que os agentes de mercado conseguem se tornar produtores eficientes. Na ausência desse contexto de relações sociais e de estratégias competitivas legalmente autorizadas, seria impossível alcançar a alocação eficiente de recursos.[66]

Os agentes econômicos são, portanto, inteiramente dependentes de arranjos sociais para gerar lucros. Esses arranjos sociais podem assumir diversas formas compatíveis com o crescimento econômico continuado, não havendo uma única maneira de alocar recursos para gerar lucros ou eficiência. Daí a defesa de que, estabelecidas as condições políticas e sociais capazes de produzir a estabilidade viável para investimentos, deve-se escolher, entre as inúmeras maneiras de organizar as instituições de mercado, aquela que intervenha para produzir uma sociedade justa e igualitária.[67]

1.1.3.2 Mercados como instituições

A criação de mercados no sistema capitalista pressupôs a formulação de arranjos institucionais gerais – sejam normas jurídicas ou regras informais – que governassem as relações entre fornecedores, clientes

---

[66] FLIGSTEIN, Neil. *The architecture of markets.* An economic sociology of twenty-first century capitalist societies. Princeton: Princeton University Press, 2001, p. 22.

[67] *Ibidem*, p. 29.

e trabalhadores a partir de entendimentos, presunções e expectativas compartilhados, no intuito de gerar a estabilidade necessária para a continuidade das trocas econômicas. As regras importam, portanto, para a estabilização das relações sociais necessárias às interações econômicas e, à medida que essas interações se expandiram e os atores se mostraram incapazes ou insuficientes para promover tais regras, os Estados assumiram o protagonismo na formulação das regras e arranjos institucionais de mercado.

Não obstante, isso não significa que a formulação de regras se tornou livre, isenta ou imparcial em relação aos interesses dos atores dos mercados. Logo, a noção de poder é fulcral para compreender como a produção das instituições de mercado é afetada e reflete sistemas de poder e dominação. A teoria dos campos e a abordagem político-cultural desenvolvida por Fligstein configuram uma lente potente para visibilizar como conjuntos particulares de arranjos de mercado representam as estruturas de poder de uma dada sociedade, o que permite compreender a dinâmica político-econômica em várias sociedades.

Como exposto, a teoria dos campos trabalha com a noção de que atores tentam produzir um "mundo local estável", onde os atores dominantes produzem sentidos que lhes permitem multiplicar suas vantagens e influenciar a produção de regras que contribuam para a consolidação de seu poder.[68] A organização social dos campos se refere a três aspectos: o conjunto de princípios que organizam o pensamento e são usados pelos atores para fazer sentido de suas situações (que são os quadros cognitivos ou visões de mundo); as rotinas ou práticas que atores desempenham em suas relações sociais cotidianas; e as relações sociais que constituem os campos, que podem ou não ser conscientemente compreendidas pelos atores.[69]

Como formas de organização social, as estruturas do mercado envolvem, para o autor, as compreensões cognitivas e as relações sociais concretas. As compreensões cognitivas se segmentam em dois tipos:

---

[68] FLIGSTEIN, Neil. *The architecture of markets*. An economic sociology of twenty-first century capitalist societies. Princeton: Princeton University Press, 2001, p. 28.

[69] FLIGSTEIN, Neil. *The architecture of markets*. An economic sociology of twenty-first century capitalist societies. Princeton: Princeton University Press, 2001, p. 29: "The social organization of fields broadly refers to three features: the set of principles that organize thought and are used by actors to make sense of their situations (what might be called cognitive frames or worldviews), the routines or practices that actors perform in their day-to-day social relations, and the social relations that constitute fields that may or may not be consciously understood by actors (Bourdieu 1977)".

compreensões sociais gerais sobre como organizar empresas e mercados e encontrar modos estáveis de competir, e compreensões específicas sobre como funciona um dado mercado em particular.

Para empregar essa teoria de organização social mais ampla à Sociologia dos Mercados, Fligstein fornece uma conceituação de mercado como campo que considera que "mercados são arenas sociais que existem para a produção e venda de algum bem ou serviço e são caracterizados por troca estruturada".[70] A troca estruturada, explica o autor, implica que os atores esperam repetidas trocas para os seus produtos, de modo que eles precisam de regras e estruturas sociais para guiar e organizar essas trocas.

Um mercado se torna estável – isto é, um *campo* – quando o produto em comercialização adquire legitimidade perante clientes e os fornecedores desse produto conseguem criar uma situação de hierarquia em que os maiores dominam o mercado e são capazes de reproduzir a si mesmos em determinados períodos.[71] Daí Fligstein asseverar que mercados estáveis podem ser descritos como "estruturas auto reprodutoras de papeis" (*self reproducing role structures*) nas quais incumbentes e empresas contestadoras (*challengers*) reproduzem suas posições dentro de determinados ciclos temporais.

A questão que se coloca, então, é descobrir quais estruturas sociais são necessárias para proporcionar a troca estruturada e a estabilização das interações nos mercados. Para Fligstein, há quatro conjuntos de regras relevantes para gerar estruturas sociais nos mercados: (i) direitos de propriedade, (ii) estruturas de governança, (iii) regras de troca e (iv) concepções de controle. Fligstein explica que essas regras se referem a tipos gerais, que podem se manifestar como normas jurídicas, compreensões ou práticas. Essas regras se relacionam com a criação de compreensões gerais, que são necessárias para a emergência de mercados estáveis. Assim, em última instância, essas regras são necessárias para os atores, estando eles cientes disso ou não.[72]

---

[70] FLIGSTEIN, Neil. *The architecture of markets*. An economic sociology of twenty-first century capitalist societies. Princeton: Princeton University Press, 2001, p. 30: "Markets are social arenas that exist for the production and sale of some good or service, and they are characterized by structured exchange".

[71] FLIGSTEIN, Neil. *The architecture of markets*. An economic sociology of twenty-first century capitalist societies. Princeton: Princeton University Press, 2001, p. 31.

[72] FLIGSTEIN, Neil. *The architecture of markets*. An economic sociology of twenty-first century capitalist societies. Princeton: Princeton University Press, 2001, p. 33: "These categories are necessarily abstract. They refer to general types of rules that can appear as laws,

O autor argumenta que essas estruturas sociais emergiram historicamente, à medida que governos e firmas passaram a reconhecer certos problemas para o funcionamento dos mercados. Por meio de entendimentos sobre essas instituições, os atores produzem as estruturas sociais para se organizarem, competirem e cooperarem, e realizarem as trocas econômicas de modo regular e reproduzível.[73]

Os *direitos de propriedade* referem-se às regras e às relações sociais que definem quem pode reivindicar os lucros das empresas. A formação dos direitos de propriedade, destaca Fligstein, é um processo político contínuo e contestável, que envolve grupos organizados de empresários, trabalhadores, servidores públicos e partidos políticos, e não é o resultado de um processo de alocação eficiente. A divisão dos direitos de propriedade está no núcleo da sociedade de mercado, uma vez que são eles que determinam quem está no controle do empreendimento capitalista e possui o direito de reivindicar os excedentes. Os direitos de propriedade são necessários para a estruturação dos mercados, posto que se prestam a estabilizar as relações sociais entre vendedores e compradores ao esclarecer os riscos e recompensas envolvidos nas transações.

As *estruturas de governança* referem-se a regras sociais gerais que definem as relações de competição e cooperação e como as empresas devem ser organizadas. São essas regras que estipulam as formas lícitas e ilícitas de controlar a competição e de estruturar as empresas em integrações verticais ou horizontais, podendo assumir a forma de normas jurídicas ou de práticas institucionais informais. Notadamente, destacam-se as legislações antitruste como normas jurídicas que estipulam as estruturas de governança. As estruturas de governança auxiliam, portanto, na estabilização dos mercados, na medida em que definem as regras por meio das quais as empresas organizam a si mesmas e as relações com concorrentes.

---

understandings, or practices. They define issues about which actors who want to generate markets must create general understandings in order for stable markets to emerge. They need these rules whether they are aware of them or not".

[73] FLIGSTEIN, Neil. *The architecture of markets*. An economic sociology of twenty-first century capitalist societies. Princeton: Princeton University Press, 2001, p. 33: "These four types of social structures have emerged historically as firms and governments have recognized certain generic problems in making markets work and then reflected on general solutions. Through understandings around these institutions actors produce social structures to organize themselves, to compete and cooperate, and to exchange with one another in a regular and reproducible fashion".

As *regras de troca* definem quem pode transacionar com quem e sob quais condições as transações são realizadas. Elas definem, por conseguinte, os padrões de pesos e medidas, as condições de seguro, de importação e exportação, o *enforcement* dos contratos, entre outros. São elas as regras responsáveis por determinar a padronização de produtos no que se refere à compatibilidade e segurança, por exemplo. As regras de troca são fundamentais para estabilizar as interações nos mercados, já que elas garantem as condições em que as transações deverão ocorrer para todos.

As *concepções de controle* refletem entendimentos específicos do mercado, entre atores e empresas, sobre princípios de organização interna, estratégias de competição ou cooperação e ordenamento de status ou hierarquia de empresas em dado mercado. As concepções de controle são formas de conhecimento local e existem como produtos históricos e culturais que indicam como as atividades se desenrolam em determinado mercado.[74] Para Fligstein:

> Concepções de controle são veículos sócio-organizacionais para certos mercados que se referem a compreensões cognitivas que estruturam percepções sobre como certo mercado funciona, bem como uma descrição de relações sociais reais de dominação que existem nesse certo mercado. Uma concepção de controle é simultaneamente uma visão de mundo que permite que os atores interpretem as ações de outros e um reflexo de como o mercado é estruturado.[75]

Observar a emergência e a existência dessas regras é justamente o que dialoga com o enfoque da discussão aqui pretendida. A relevância dessas instituições, para este estudo, encontra-se no fato de que elas despontam como produtos sociais, decorrentes de construções e entendimentos entre as partes interessadas. As instituições que erguem os mercados e viabilizam as trocas econômicas não possuem existência automática e anterior, mas uma existência elaborada a partir de

---

[74] FLIGSTEIN, Neil. *The architecture of markets*. An economic sociology of twenty-first century capitalist societies. Princeton: Princeton University Press, 2001, p. 35.

[75] Tradução livre de: "Conceptions of control are social-organizational vehicles for particular markets that refer to the cognitive understandings that structure perceptions of how a particular market works, as well as a description of the real social relations of domination that exist in a particular market. A conception of control is simultaneously a worldview that allows actors to interpret the actions of others and a reflection of how the market is structured". Em: FLIGSTEIN, Neil. *The architecture of markets*. An economic sociology of twenty-first century capitalist societies. Princeton: Princeton University Press, 2001, p. 35.

CAPÍTULO 1
MERCADOS COMO INSTITUIÇÕES SOCIAIS E IMPLICAÇÕES PARA O CONTROLE JURÍDICO DO PODER ECONÔMICO | 55

um conjunto de interações sociais entre governo, agentes de mercado, trabalhadores e tantas outras partes interessadas. Daí a afirmação de Fligstein de que um sistema de regras é também um sistema de poder.

1.1.3.3 Política e poder na criação das instituições de mercado

Conforme Fligstein assevera, em diálogo com os estudos de Douglass North na Nova Economia Institucional, a maioria das instituições de mercado resulta de disputas políticas por meio das quais grupos capturam o governo e criam regras para favorecimento próprio em detrimento de seus oponentes políticos e econômicos.[76]

Para ilustrar como esses sistemas de poder se refletem em arquiteturas de mercado distintas, Fligstein elabora uma classificação de tipos-ideais que demonstra como seriam as instituições econômicas nos cenários em que houvesse o predomínio de certos grupos de atores ou a formação de coalizões distintas. A aplicação desses tipos-ideais permite examinar o histórico do equilíbrio de poder na formação das instituições de mercado em dada sociedade, discernir como os atores estão atualmente arranjados e tecer predições sobre como a capacidade organizacional do Estado será construída e como isso afetará as regras do mercado. Assim, o conhecimento sobre quais arranjos predominam em uma certa sociedade possibilita prever como novas crises na organização dos mercados serão mediadas e quais domínios e regras provavelmente serão construídos.[77]

São seis os tipos-ideais desenvolvidos por Fligstein, considerando quais grupos ou coalizões dominam a formação das instituições de mercado: (i) o Estado *"rent seeker"* como grupo dominante, no qual a intervenção econômica seria do tipo casuística e aberta à corrupção; (ii) os capitalistas como grupo dominante, no qual a intervenção econômica seria capturada por interesses capitalistas; (iii) os trabalhadores como grupo dominante, o que, para Fligstein, não seria possível no capitalismo; (iv) a coalizão entre Estado e capitalistas como grupo dominante,

---

[76] FLIGSTEIN, Neil. *The architecture of markets*. An economic sociology of twenty-first century capitalist societies. Princeton: Princeton University Press, 2001, p. 38: "Most market institutions were the outcome of political struggles whereby one group of capitalists captured government and created rules to favor themselves over their political opponents. North's central insight is at the basis of the theory of market governance theory presented here".

[77] FLIGSTEIN, Neil. *The architecture of markets*. An economic sociology of twenty-first century capitalist societies. Princeton: Princeton University Press, 2001, p. 45.

no qual o Estado controla as finanças, os serviços e a infraestrutura e reprime os trabalhadores; (v) a coalizão entre Estado e trabalhadores como grupo dominante, na qual a intervenção econômica ocorreria por meio de empresas estatais e pela extensão de proteção aos trabalhadores; e, por fim, (vi) a situação de impasse entre capitalistas e trabalhadores, na qual a intervenção econômica depende de quem domina em determinado setor e gerencia acordos entre os grupos.[78]

Fligstein discorre detidamente sobre tais tipos-ideais e elabora um quadro que resume as implicações que os grupos dominantes geram sobre as instituições de mercado.[79] Nesse quadro, Fligstein faz as seguintes correlações:

No tipo-ideal do Estado *"rent seeker"* como grupo dominante, os direitos de propriedade seriam obtidos por meio de subornos e compensações; a estrutura de governança e as regras de troca seriam os subornos e as compensações; e o modelo de intervenção nos mercados produziria mercados instáveis, com empresas e trabalhadores desorganizados;

No tipo-ideal dos capitalistas como grupo dominante, os direitos de propriedade seriam baseados na concessão de todos direitos aos *shareholders* e não haveria nenhuma propriedade estatal; a estrutura de governança envolveria a formação de cartéis e grupos de controle, com uma clara organização de competidores; as regras de troca seriam determinadas pela captura do controle regulatório, com a aplicação de normas favoráveis aos incumbentes; e o modelo de intervenção nos mercados consistira em uma intervenção estatal unicamente voltada para atenuar as crises para incumbentes, permanecendo alheia aos mercados em outras situações;

No tipo-ideal dos trabalhadores como grupo dominante, não haveria propriedade privada; a estrutura de governança faria a mediação da competição para proteger empregos; as regras de troca envolveriam regulações abrangentes, com a proteção a trabalhadores e consumidores sendo primordial e empregada para afastar competidores; e o modelo de intervenção seria aquele voltado para proteger empregos;

---

[78] FLIGSTEIN, Neil. *The architecture of markets.* An economic sociology of twenty-first century capitalist societies. Princeton: Princeton University Press, 2001, p. 46.

[79] *Ibidem*, p. 47.

No tipo-ideal da coalizão entre capitalistas e Estado como grupo dominante, em relação aos direitos de propriedade, haveria controle estatal sobre finanças e serviços públicos, com clara distinção entre público e privado; a estrutura de governança envolveria a proteção de alguns mercados e outros seriam abertos, a depender das posições competitivas das empresas; as regras de troca, o estado de direito seria aplicado a todos; e a intervenção estatal ocorreria em auxílio aos incumbentes;

No tipo-ideal da coalizão entre trabalhadores e Estado, os direitos de propriedade se dividiriam entre a propriedade estatal e alguns direitos aos *stakeholders*; a estrutura de governança seria orientada para a proteção ao emprego, com a permissão de que empresas possam cooperar e com a proteção de mercados; as regras de troca seriam abrangentes e aplicadas a todos; e a intervenção estatal ocorreria para a proteção ao emprego; e, por fim,

No tipo-ideal de impasse entre capitalistas e trabalhadores, com a autonomia do Estado, os direitos de propriedade são intervindos quando ambos os lados concordam ou quando surgem demandas poderosas de grupos organizados; a estrutura de governança alternativamente auxilia na proteção de empregos e mercados e permite a cooperação para salvar empregos; as regras de troca são utilizadas para intervir por ambos os lados; e a intervenção estatal ocorre tanto para empresas quanto trabalhadores.

O raciocínio promovido pela classificação em tipos-ideais é interessante para o presente estudo porque evidencia a relevância do poder para a estruturação dos mercados. Os sistemas de poder implicam a formação de instituições de mercado particulares, o que afasta a noção de que as regras que orientam os mercados seriam objetivas, abstratas e universais. Pelo contrário, as instituições de mercado não resultam meramente de regras ou forças econômicas que, supostamente, ao visar à eficiência, culminariam com instituições mais estáveis, duradouras e indutoras do crescimento econômico, mas decorrem, sim, de processos sociais e sistemas de poder. Assim, os entendimentos – "as regras do jogo" – que proporcionam a troca estruturada derivam, antes de tudo, de relações sociais que, localizadas em uma determinada conjuntura político-cultural, refletem os sistemas de poder dos campos em que se situam.

A ideia poderosa e subjacente à expressão e à teoria da "arquitetura dos mercados" consiste justamente em propor e observar como os mercados são verdadeiramente *construídos*, com a sobreposição, arranjo, moldagem, conflito e acomodação de estruturas sociais produzidas em um ambiente político-cultural. A apresentação dessa teoria, no presente estudo, é pertinente e significativa para refutar a ideia de neutralidade e objetividade das regras de mercado e para lançar luz sobre a relevância das relações políticas na conformação das instituições econômicas. Essas duas contribuições, além de outros aspectos da teoria de Fligstein e da Sociologia Econômica, opõem-se a noções e conceitos da teoria econômica *mainstream* e, assim, adquirem alta relevância para repensar a regulação dos mercados e a disciplina jurídica da concorrência, como será argumentado na sequência.

1.2 Contraposição à teoria econômica neoclássica: poder e política na arquitetura dos mercados

Como já antecipado em certos pontos, a Sociologia Econômica apresenta numerosas e profundas divergências em relação à teoria econômica neoclássica no que tange à conformação dos mercados. Em razão da equivocidade e ambiguidade do termo, esclarece-se que o conceito de teoria econômica neoclássica adotado nesta obra corresponde ao movimento proveniente do marginalismo microeconômico, cuja ideia central consiste na defesa de que existem pontos de equilíbrio aos quais tendem as relações microeconômicas e variáveis macroeconômicas. O cerne da teoria neoclássica, como aqui compreendida, encontra-se na formulação de modelos de equilíbrio e na previsão de resultados futuros.[80]

A Sociologia Econômica se contrapõe à teoria econômica neoclássica a partir de elementos diversos, como o aspecto atomizado dos agentes de mercado;[81] o modelo neoclássico de competição perfeita;[82]

---

[80] COMPARATO, Fabio Konder; SALOMÃO FILHO, Calixto. *O poder de controle na sociedade anônima*. 6. ed. Rio de Janeiro: Editora Forense, 2014, p. 39.

[81] GRANOVETTER, Mark. Economic action and social structure: the problem of embeddedness. *American Journal of Sociology*, vol. 91, p. 481-510, 1985, p. 483: "Classical and neoclassical economics operates, in contrast, with an atomizes, *under*socialized conception of human action, continuing in the utilitarian tradition".

[82] FLIGSTEIN, Neil. *The architecture of markets*. An economic sociology of twenty-first century capitalist societies. Princeton: Princeton University Press, 2001, p. 8: "The element that holds the field together is its opposition to the neoclassical model of perfect competition".

o mecanismo de preços como principal regra das trocas econômicas;[83] a racionalidade universal dos mercados;[84] a premissa de completude e liberdade das informações,[85] entre outros.

Para os propósitos deste livro, é relevante destacar como a Sociologia Econômica se contrapõe, especificamente, aos papéis atribuídos à política e ao poder na conformação das instituições de mercado e no desempenho econômico dos agentes, já que essas percepções dialogam diretamente com o problema de pesquisa aqui trabalhado e despertam reflexões interessantes sobre como essas dimensões devem ser captadas pelo controle jurídico do poder econômico.

A Sociologia Econômica tende a conferir um papel destacado às dinâmicas de poder na ação econômica,[86] ao passo que a teoria econômica neoclássica tende a ignorar o exercício do poder e observá-lo tão somente como uma falha de mercado, já que, a partir do modelo de competição perfeita, por definição, todos os agentes de mercado seriam iguais, com mesmo porte e capacidades, e não conseguiriam exercer poder uns sobre os outros ou sobre consumidores e governo, de modo que preocupações com o exercício do poder seriam desprezíveis e desprezadas. Ainda que a teoria econômica tenha concebido e abordado cenários de competição imperfeita, nos quais se verifica a ocorrência do poder de controlar preços e demanda, a concepção sobre poder permanece limitada e falha em considerar efeitos mais amplos do exercício do poder econômico em contextos sociais e de mercado.[87]

---

[83] FLIGSTEIN, Neil. *The architecture of markets.* An economic sociology of twenty-first century capitalist societies. Princeton: Princeton University Press, 2001, p. 17: "Economic theory assumes that the main mechanism that regulates this exchange is price competition".

[84] ABOLAFIA, Mitchel Y. Markets as cultures: an ethnographic approach. *In*: CALLON, Michael (ed.) *The laws of the markets.* Oxford: Blackwell Publishers, 1998, p. 69-85, p. 74: "Economists, and in particular financial economists, treat rationality as a cultural universal".

[85] SMELSER, Neil J.; SWEDBERG, Richard. Introducing Economic Sociology. *In*: SMELSER, Neil J.; SWEDBERG, Richard (eds.). *The handbook of Economic Sociology.* Princeton: Princeton University Press, 2005, p. 3-25, p. 3: "In a classic statement, Knight ([1921] 1985, 76-79) stressed that neoclassical economics rested on the premises that actors have complete information and that information is free".

[86] SMELSER, Neil J.; SWEDBERG, Richard. Introducing Economic Sociology. *In*: SMELSER, Neil J.; SWEDBERG, Richard (eds.). *The handbook of Economic Sociology.* Princeton: Princeton University Press, 2005, p. 3-25, p. 5.

[87] SMELSER, Neil J.; SWEDBERG, Richard. Introducing Economic Sociology. *In*: SMELSER, Neil J.; SWEDBERG, Richard (eds.). *The handbook of Economic Sociology.* Princeton: Princeton University Press, 2005, p. 3-25, p. 5: "It is also true that economists have a tradition of analyzing imperfect competition – in which power to control prices and output is the core ingredient – and that the idea of "market power" is used in labor and industrial economics (e.g., Scherer 1990). Still, the economic conception of power is typically narrower than the

Para a Sociologia Econômica, contrariamente, as relações de poder são definidoras do comportamento econômico, seja diretamente, quando uma empresa poderosa se impõe sobre um fornecedor fraco, seja indiretamente, quando um grupo poderoso de indústrias formata a regulação em benefício próprio.[88] Admite-se, assim, que o poder formata as regras do jogo e, inclusive, as prescrições sobre como as empresas devem se comportar, de modo que, muitas vezes, são as disputas de poder que moldam as organizações e definem o que será considerado como um comportamento empresarial racional.[89]

Em contraste, quando a teoria econômica *mainstream* muito assimila as relações de poder, essa assimilação ainda se circunscreve a situações de abuso nos mercados, por meio dos quais os agentes dominantes conseguem implementar estratégias que subvertem a competição ou as regras em seu favor. Com isso, escapa, portanto, a constatação sociológica de que o poder é endêmico nas relações econômicas e estruturante das instituições de mercado. Disso decorre uma preocupação central da disciplina, que consiste em observar e problematizar como grupos poderosos são bem sucedidos em promover práticas e políticas públicas que aparentam ser em benefício geral e comum, mas, em verdade, se dão em benefício próprio e particular.[90,91]

O poder de determinar as prescrições sobre o comportamento econômico – ou as concepções de controle, no vocabulário fligsteiniano – suscita ainda questionamentos instigantes sobre a concepção de racionalidade econômica adotada pelo *mainstream* econômico, que ainda se ancora no pressuposto de que a racionalidade é orientada por

---

sociologist's notion of economic power, which includes its exercise in societal (especially political and class), as well as market, contexts".

[88] DOBBIN, Frank. Comparative and historical approaches to Economic Sociology. *In*: SMELSER, Neil J.; SWEDBERG, Richard. Introducing Economic Sociology. *In*: SMELSER, Neil J.; SWEDBERG, Richard (eds.). *The handbook of economic sociology*. Princeton: Princeton University Press, 2005, p. 26-48, p. 27.

[89] *Ibidem*, p. 32.

[90] DOBBIN, Frank. Comparative and historical approaches to Economic Sociology. *In*: SMELSER, Neil J.; SWEDBERG, Richard. Introducing Economic Sociology. *In*: SMELSER, Neil J.; SWEDBERG, Richard (eds.). *The handbook of economic sociology*. Princeton: Princeton University Press, 2005, p. 26-48, p. 27: "Their concern is with how powerful groups succeed in promoting practices and public policies that are in their interest as being in the common interest".

[91] Note-se, inclusive, que a própria teoria econômica concebe que os agentes são movidos por autointeresse, embora disso não derivem reflexões e preocupações mais aprofundadas sobre como esse autointeresse também se dedica a moldar as instituições econômicas, não apenas as escolhas e desempenhos particulares dos agentes.

interesses individuais voltados à maximização de eficiências. A teoria sociológica demonstra, no entanto, que a emergência de práticas econômicas está imbricada em relações sociais e redes que institucionalizam os roteiros de ação econômica. Esses roteiros são instituídos não por eficiência, mas por dinâmicas e disputas de poder que conseguem ditar quais práticas serão tidas como racionais. Assim descreve Dobbin:

> As práticas econômicas – padrões de comportamento como estratégias de preços e estruturas empresariais – emergem em redes de atores, através da institucionalização de roteiros de como se comportar para atingir determinados fins. Os atores poderosos tentam moldar os roteiros que são construídos e moldar as regras do jogo que se institucionalizam nas políticas públicas. As práticas econômicas, ou roteiros, que emergem moldam a cognição individual e determinam como os indivíduos responderão às situações no futuro. Em outras palavras, as práticas econômicas emergem através de processos distintamente sociais nos quais as redes sociais e os recursos de poder desempenham papéis na definição de certas práticas como racionais.[92]

Os arranjos de poder estão intricados, portanto, na determinação dos comportamentos econômicos e na arquitetura dos mercados, que se revelam como produtos políticos-culturais. À medida que o capitalismo necessita do aparato estatal para a estabilização das trocas econômicas, as dimensões do poder e política se entrelaçam, já que os agentes poderosos, que procuram dominar os campos, precisam estender seu domínio sobre a elaboração das instituições de mercado.[93] As disputas e articulações políticas são, portanto, elementos cruciais para a conformação dos mercados. A concepção sociológica dos mercados fornece, então, uma lente que permite enxergar e compreender

---

[92] DOBBIN, Frank. Comparative and historical approaches to Economic Sociology. *In*: SMELSER, Neil J.; SWEDBERG, Richard. Introducing Economic Sociology. *In*: SMELSER, Neil J.; SWEDBERG, Richard (eds.). *The handbook of Economic Sociology*. Princeton: Princeton University Press, 2005, p. 26-48, p. 28. Tradução livre.

[93] FLIGSTEIN, Neil. Markets as politics: a political-cultural approach to market institutions. *American Sociological Review*, vol. 61, n. 4, 1996, p. 656-673: "Property rights, governance structures, and rules of exchange are arenas in which modern states establish rules for economic actors. States provide stable and reliable conditions under which firms organize, compete, cooperate, and exchange. The enforcement of these laws affects what conceptions of control can produce stable markets. There are political contests over the content of laws, their applicability to given firms and markets, and the extent and direction of state intervention into the economy. Such laws are never neutral. They favor certain groups of firms".

as aproximações entre poder político e poder econômico e seus efeitos sobre o sistema econômico.

O controle do poder econômico realizado pela disciplina jurídica da concorrência deve incorporar essas dimensões no seu aparato analítico e abandonar a visão dos mercados como instituições neutras, sob pena de autorizar e legitimar a formação de estruturas e condutas que não apenas desnivelam a competição nos mercados, mas que também impactam o desenvolvimento do próprio Estado Democrático de Direito. Se os agentes mais poderosos economicamente são aqueles que conseguem manipular e dominar a arquitetura dos mercados, a regulação econômica, de modo geral, precisa empregar instrumentos que mitiguem a influência econômica sobre a política.

Aliás, a própria apatia e inércia em considerar os impactos políticos do acúmulo de poder econômico parecem derivar da influência que os agentes poderosos possuem na definição de qual deve ser o nível de intervenção estatal sobre os mercados e sobre quais devem ser os objetivos perseguidos pelo direito da concorrência.

A seção seguinte se propõe a levantar algumas reflexões sobre como a regulação econômica e a intervenção estatal podem percorrer novos rumos a partir das contribuições proporcionadas pela teoria sociológica dos mercados.

1.3 Algumas perspectivas renovadas para a intervenção estatal na economia

A dimensão social se situa na origem dos processos e estruturas que erigem os mercados e viabilizam as trocas econômicas. A abordagem sociológica evidencia essa centralidade, ao demonstrar que a formulação das instituições formais e informais está estreitamente conectada com as interações políticas. As lentes da Sociologia Econômica vão realçar que as instituições e comportamentos econômicos estão *imbricados* e, assim, fortemente constrangidos por relações sociais contínuas.[94] Os agentes econômicos são, antes de tudo, atores sociais, que pautam os seus comportamentos econômicos sobre esse emaranhado tecido social. Esse tecido social é decisivo para o desenvolvimento da economia, posto

---

[94] GRANOVETTER, Mark. Economic action and social structure: the problem of embeddedness. *American Journal of Sociology*, vol. 91, p. 481-510, 1985.

que ele articula os diversos fatores que influenciam a construção das instituições que regem os mercados.

Ao lançar luz sobre as estruturas dos mercados como frutos de processos sociais, contestam-se frontalmente as noções neoclássicas da teoria econômica, que atribuem ao mecanismo de preços, ao ideal de competição perfeita e às falhas de mercado o sucesso ou fracasso do desempenho de agentes econômicos. Isto é, para a teoria econômica neoclássica, apenas as regras e os fatores econômicos, que seriam "puros", seriam as forças motivadoras e constritoras do comportamento econômico. Não haveria, portanto, interferência de outros domínios da vida social sobre o desempenho econômico.

Ao operar com uma concepção atomizada, "subsocial" da ação humana, como argumenta Granovetter, a teoria neoclássica desautoriza a hipótese de existir qualquer impacto da estrutura social e das relações sociais sobre a produção, a distribuição ou o consumo de produtos.[95] As relações sociais, quando muito apreendidas por essas teorias, não passariam de pequenas resistências em face do mecanismo de competição, que seria efetivamente o parâmetro para definição da ação econômica com vistas à eficiência.

Confia-se, porquanto, que a competição se configura como um mecanismo capaz de mitigar as interferências geradas pelo poder, sob o pressuposto de que a disputa nos mercados ocorreria unicamente a partir de estratégias comerciais e variáveis competitivas. Por conseguinte, a competição funcionaria também como uma ferramenta capaz de dispensar qualquer intervenção estatal sobre os mercados, já que ela seria suficiente para nivelar as condições para a performance econômica dos agentes.

Isso não soa factível nem sob uma perspectiva mais conservadora, estritamente econômica, que já demonstraria que, nos mercados, os agentes estão constantemente desenvolvendo estratégias para subverter a concorrência, e é ainda menos crível sob uma perspectiva sociológica e abrangente da realidade econômica, que torna patente a relevância do poder e da política para o comportamento e desempenho econômico. Como a competição é um elemento de instabilidade nos mercados, ela é alvo constante de esforços para atenuá-la e as normas jurídicas que determinam qual será o padrão de defesa da concorrência

---

[95] GRANOVETTER, Mark. Economic action and social structure: the problem of embeddedness. *American Journal of Sociology*, vol. 91, p. 481-510, 1985, p. 484.

adotado pelo Estado, de modo que é ingênuo confiar que a competição é suficiente para neutralizar o poder econômico, sem considerar a relevância política que o poder econômico assume na conformação das instituições de mercado.

Daí que as relações sociais, políticas e culturais importam gravemente para a formação e transformação das instituições e comportamentos econômicos e, em um nível mais profundo, até mesmo a dimensão simbólica dos papéis sociais pode afetar as transações econômicas, demonstrando como o mecanismo de competição nos mercados, como concebido pelo *mainstream* econômico, pode ser falho. Surinder Jodhka, Baike Rehbein e Jessé Souza, a partir de estudos de casos do Brasil, Alemanha, Índia e Laos, argumentam que a disposição de capital não é tanto um resultado de ações sociais, mas de uma herança que se reproduz por gerações.[96] A desigualdade social na economia de mercado, defendem os autores, não resulta do mecanismo de competição, mas é consequência de estruturas que possuem raízes na sociedade pré-capitalista.

A transição para o capitalismo não significou uma ruptura com o passado, de modo que a desigualdade no sistema capitalista é uma continuidade dessas estruturas prévias.[97] Não se concretizou a expectativa de que o capitalismo seria um rompimento com os sistemas de dominação anteriores e colocaria todos em situação de liberdade e igualdade nos mercados, onde todos poderiam disputar e realizar suas conquistas por mérito próprio. Com isso, os grupos que eram excluídos na sociedade colonial brasileira, como por exemplo escravizados, mulheres, povos não brancos e trabalhadores, continuaram à margem desse suposto processo de inclusão.

Não obstante, quando essa "inclusão" ocorreu, Jodhka, Rehbein e Souza asseveram que isso não foi capaz de torná-los cidadãos iguais, pois permaneceram desprivilegiados e desiguais. Segundo argumentam os autores, mais do que a desigualdade de oportunidades, esses grupos nunca conseguiram alcançar as características simbólicas de cidadãos iguais, havendo até hoje uma grande desconfiança em relação

---

[96] JODHKA, Surinder S. *et al. Inequality in capitalist societies.* New York: Routledge, 2018, p. 2.

[97] JODHKA, Surinder S. *et al. Inequality in capitalist societies.* New York: Routledge, 2018, p. 10: "We argue that social inequality is not a result of competition but a consequence of structures that have their roots in precapitalist society".

aos negros, mulheres, classes baixas e pessoas do Sul global assumindo posições de relevo na sociedade.[98] Por conseguinte, asseveram:

> Mesmo em condições de completa igualdade de oportunidades, esses grupos não competiriam em igualdade de condições, na medida em que retêm características simbólicas negativas com base em desigualdades históricas anteriores.[99]

Essa perspectiva dialoga diretamente com o argumento central de Thomas Piketty, no livro *Capital e Ideologia*, que também se apoia na dimensão simbólica para explanar como as sociedades legitimam as desigualdades a partir de narrativas ideológicas. Especificamente para as sociedades capitalistas, Piketty destaca que:

> Nas sociedades atuais, estas narrativas justificativas compreendem temas de propriedade, empreendedorismo e meritocracia: diz-se que a desigualdade moderna é justa porque é o resultado de um processo livremente escolhido, no qual todos gozam de igualdade de acesso ao mercado e à propriedade e se beneficiam automaticamente da riqueza acumulada pelos indivíduos mais ricos, que também são os mais empreendedores, merecedores e úteis.[100]

Esse grau de implicação entre relações e papéis sociais e a economia de mercado se contrapõe solidamente a qualquer tentativa de afastar ou reduzir o significado da dimensão social para a conformação do capitalismo. O tecido social sustenta as trocas econômicas, de modo que os sistemas de poder e dominação, e as desigualdades e injustiças que eventualmente existam nele também afetarão o funcionamento dos mercados. É nesse sentido que Cass Sunstein afirma que é improvável

---

[98] JODHKA, Surinder S. *et al. Inequality in capitalist societies*. New York: Routledge, 2018, p. 10-11.

[99] JODHKA, et al. *Inequality in capitalist societies*. New York: Routledge, 2018, p. 11: "Even under conditions of complete equality of opportunities, these groups would not compete on a level playing field as they retain negative symbolic characteristics on the basis of earlier historical inequalities".

[100] Tradução livre de: "In today's societies, these justificatory narratives comprise themes of property, entrepreneurship, and meritocracy: modern inequality is said to be just because it is the result of a freely chosen process in which everyone enjoys equal access to the market and to property and automatically benefits from the wealth accumulated by the wealthiest individuals, who are also the most enterprising, deserving, and useful". Em: PIKETTY, Thomas. *Capital and ideology*. Tradução: Arthur Goldhammer, Cambridge: The Belknap Press of Harvard University Press, 2020, p. 1.

que mercados livres consigam cessar a discriminação com base em raça e gênero, já que eles possuem apenas um papel parcial e instrumental na proteção de direitos.[101]

A pretensão de dissociar os mercados dos processos sociais e tomá-los como espaços isolados parece se coadunar com a narrativa apontada por Piketty, na medida em que a separação entre essas dimensões resguardaria os mercados dos impactos desses processos, legitimando-os como espaços livres e justos, nos quais o processo de competição pelo mérito seria a única maneira de propiciar assimetrias e desigualdades.

Em outra instância, essa pretensão também serviria para rechaçar e restringir a necessidade de intervenção estatal sobre os mercados, que seriam livres e unicamente influenciados pelas regras econômicas. Se os processos sociais não interferem nas trocas econômicas, então não há razão para o que Estado intervenha com medidas regulatórias que busquem mitigar os efeitos da dimensão social. Esse discurso e essa pretensão de isolar os mercados dos processos sociais e da intervenção estatal atendem aos interesses justamente dos atores dominantes, que dispensam a correção das desigualdades, já que delas se beneficiam.

Associa-se a tal aspecto uma das proposições indicadas por Fligstein, como decorrência da necessidade e da emergência das instituições de mercado, que se eleva com implicação significativa para pensar como atores dominantes afetam gravemente a formação dos mercados. O autor propõe que:

> A formação inicial de domínios de *policy* e as regras que eles criam, afetando os direitos de propriedade, as estruturas de governança e as regras de troca, moldam o desenvolvimento de novos mercados, porque eles produzem modelos culturais que determinam como organizar uma dada sociedade. A configuração inicial das instituições e o equilíbrio de poder entre servidores do governo, capitalistas e trabalhadores naquele momento importam para a persistência de capitalismos nacionais e as diferenças entre eles.[102]

---

[101] SUNSTEIN, Cass. *Free markets and social justice*. New York: Oxford University Press, 1997, p. 8.

[102] FLIGSTEIN, Neil. *The architecture of markets. An economic sociology of twenty-first century capitalist societies*. Princeton: Princeton University Press, 2001, p. 40. Tradução livre de: "Proposition 2.2. Initial formation of policy domains and the rules they create affecting property rights, governance structures, and rules of exchange shape the development of new markets because they produce cultural templates that determine how to organize in a given society. The initial configuration of institutions and the balance of power between

Na perspectiva da teoria dos campos à qual Fligstein adere, interpreta-se tal proposição a partir da noção de que os atores dominantes procuram compor sentidos que estabilizem o sistema de poder, mantendo-os em posição privilegiada. A estabilização de poder dentro do campo, portanto, se encontra em disputa entre os grupos com interesses divergentes. A formação inicial de entendimentos que delimitam as estruturas sociais é, portanto, marco crucial e decisivo para a continuidade ou contestação da estabilização do poder.

Neste ponto, relaciona-se o conceito de dependência de trajetória (*path dependence*), que pretende evidenciar que "as escolhas realizadas no momento de formação das instituições e das políticas exercem um efeito de constrangimento sobre o seu futuro desenvolvimento em razão da tendência inercial das instituições que bloquearia ou dificultaria subsequentes mudanças".[103] Isso significa reconhecer que o legado histórico das instituições importa e, sem abordá-lo, não é possível conhecer integralmente sua estrutura e funcionamento.

Assim, se a formação inicial das regras molda o desenvolvimento de novos mercados e se o equilíbrio de poder no momento da configuração inicial é determinante para a persistência e para as peculiaridades de determinado sistema capitalista, a atuação regulatória e interventiva do Estado não deve se resumir ao momento presente das instituições e deve estar igualmente atenta e ciente das limitações e imposições que resultam da configuração inicial das estruturas sociais dos mercados. Uma regulação dos mercados que se volte para o desenvolvimento econômico e a correção de desigualdades deve se debruçar igualmente sobre o momento de configuração inicial das instituições de mercado.

A concepção crítica desenvolvida pela Sociologia Econômica proporciona, portanto, novas possibilidades para pensar a atuação do Estado sobre a economia, tomando a dimensão social como centro. Diante disso, o próprio conceito de falhas de mercado merece ser repensado à luz do tecido social que ancora as ações econômicas, percebendo como desigualdades econômicas, sociais e políticas, mesmo em um nível simbólico, podem ser entraves consideráveis para as transações econômicas.

---

government officials, capitalists, and workers at that moment account for the persistence of, and differences between, national capitalisms".

[103] BERNARDI, Bruno Boti. O conceito de dependência da trajetória (*path dependence*): definições e controvérsias teóricas. *Perspectivas*, São Paulo, v. 41, p. 137-167, jan./jun. 2012, p. 138.

Essas implicações também podem promover reflexões contributivas para desenvolver novos parâmetros e paradigmas para a disciplina jurídica da concorrência que venham a considerar como essas dimensões impactam na concretização de um padrão de competição pelo mérito.

O capítulo seguinte pretende apresentar, então, como as estreitas relações entre elites econômica e política são fundantes do capitalismo brasileiro e imprimem uma dinâmica particular de atuação econômica e competitiva nos mercados. Alicerçadas no arcabouço teórico aqui apresentado, a investigação e análise dessas relações escancaram a falácia da competição pelo mérito no Brasil e reivindicam uma nova aproximação e interpretação sobre o papel do Estado na regulação dos mercados e no controle do poder econômico por meio da defesa da concorrência.

Se os mercados são produtos sociais complexos, a disciplina da concorrência também deve apreender a relevância dos processos sociais para sua formatação e desenvolvimento. A competição como força desestabilizadora dos campos motiva disputas que se espraiam para outras esferas que não apenas a "puramente econômica". A principal delas é a disputa política, que determinará as regras do jogo e poderá torná-lo enviesado, favorecendo aqueles que tiveram o poder de estabelecer e assegurar a manutenção de tais regras.

Não é difícil perceber, portanto, como a observação sobre o nível de influência política decorrente do acúmulo de poder econômico é necessário para um controle efetivo da concorrência meritória, de modo que o empenho em reduzir os canais de contato e influência das elites econômicas sobre as elites políticas deve integrar a agenda das políticas de defesa da concorrência, já que esses acessos minam a competição nos mercados e abalam as estruturas democráticas do Estado brasileiro.

CAPÍTULO 2

INTERFACES ENTRE PODER ECONÔMICO E PODER POLÍTICO E CONCORRÊNCIA NO CAPITALISMO BRASILEIRO

A concepção sociológica da economia concede uma nova perspectiva para pensar a estrutura dos mercados e o papel das interações sociais, políticas e culturais na conformação do sistema e da ação econômica. Distintamente do que sugere a teoria econômica neoclássica, as interações sociais não são meras fricções ou distorções atreladas à atividade econômica, mas são, na perspectiva sociológica, o próprio tecido sobre o qual as trocas econômicas podem se desenvolver.

As interações humanas que se desenvolvem nesse tecido social são extremamente relevantes para influenciar e determinar o curso da ação econômica, podendo afetar até mesmo o mecanismo de preços e de competição. Com isso, a Sociologia Econômica confronta o ideário dos livres mercados ao demonstrar, em nível teórico e empírico, que diversos comportamentos econômicos são intensamente influenciados pelas interações políticas, sociais e culturais. Não é apenas o comportamento individualista e racional, orientado pela competição, pelo lucro e pela eficiência, que guia os agentes econômicos: seu comportamento é impulsionado, condicionado e constrangido pelas relações nas quais se encontram imersos.

Mais do que isso, o sistema de regras que governa as transações econômicas não emerge como produto neutro e universal nos mercados, mas como produto político, social e cultural que reflete os arranjos de poder orquestrados por grupos dominantes e por meio dos quais influenciam e controlam a formação das instituições de mercado. Evidencia-se, então, a importância das disputas e relações políticas na arquitetura dos mercados e apreende-se o papel das relações políticas e pessoais no funcionamento do capitalismo.

Consequentemente, a abordagem sociológica também permite enxergar como o poder econômico procura se aproximar do poder político justamente em razão das vantagens que isso pode lhe conferir na formulação das instituições de mercado, que funcionam como as "regras do jogo". Ao visibilizar o componente político na construção dos mercados, amplia-se até mesmo a percepção sobre a dimensão em que os agentes concorrem, já que a competição parece se deslocar do âmbito meramente econômico para também se estender sobre as disputas pelas oportunidades políticas que possam desnivelar o ambiente competitivo.

À medida que o poder econômico se aproxima e se transmuta em poder político, adquirindo a habilidade de influenciar a formulação das instituições econômicas em uma circularidade que tende a beneficiar o seu desempenho econômico e competitivo e, novamente, sua relevância política, é preciso refletir sobre as implicações que isso gera para o controle jurídico do poder econômico. Se a concentração de poder econômico promove a abertura de canais privilegiados para acessar relações e vantagens políticas que tornam a reforçar o crescimento do poder econômico, é premente que o controle jurídico do poder econômico, por meio do direito da concorrência, consiga apreender o movimento de retroalimentação entre esses poderes.

Especialmente no contexto do capitalismo brasileiro, que se ergue sobre fundamentos patrimonialistas e se estrutura como um capitalismo de estado, as relações entre poder político e poder econômico tendem a ser determinantes para a performance econômica e afetam seriamente o ambiente competitivo. O empenho deste capítulo, portanto, é o de mapear as relações entre os poderes político e econômico e, constatando que elas se estreitam a partir do incremento de poder econômico, conjecturar como os impactos políticos do acúmulo de poder econômico devem ser incorporados na análise do direito da concorrência.

2.1 Aproximações entre poder econômico e poder político no capitalismo brasileiro

No atual estágio do capitalismo brasileiro, a noção de que poder econômico e poder político se relacionam proximamente é quase intuitiva, sendo anterior ao contato com qualquer evidência empírica ou estudo teórico sobre tal relação. Essa intuição, partilhada e difundida no senso comum, é motivada pela desigualdade econômica crescente e a percepção pública de que o Estado apenas atende às classes abastadas; pelos escândalos de corrupção que revelam as interações espúrias entre as elites econômica e política; pela impressão de impunidade aos crimes dos mais ricos e de injustiça na persecução dos crimes dos mais pobres.

A intuição e o senso comum são confirmados não apenas pelas notícias reportadas na mídia, mas por uma diversidade de análises teóricas e empíricas, em áreas variadas, que indicam como o poder político e o poder econômico interagem de maneira íntima, seja por vias institucionais – como o financiamento eleitoral e o *lobby* – ou ilegais – como a corrupção –, ou, ainda, por meio de vínculos pessoais e familiares.

No capitalismo brasileiro, especialmente, os vínculos entre poder econômico e poder político são ainda mais perceptíveis e intrincados, porque eles são antecedentes à instituição de uma economia de mercado e, por isso mesmo, são estruturantes do sistema capitalista no Brasil. A íntima aproximação entre público e privado e entre elites econômica e política remonta ao período colonial e se encontra na origem da formação do patronato político brasileiro, como indicará Raymundo Faoro na famosa obra *Os Donos do Poder*.

As categorias que Faoro desenvolve nessa obra, como o patrimonialismo e o estamento burocrático, despontam como chaves de entendimento relevantes para pensar a formação do capitalismo no Brasil, que assume a forma de um capitalismo de Estado ou capitalismo politicamente orientado, nos termos weberianos, e centraliza no Estado a criação de oportunidades econômicas – o que, por sua vez, instaura uma relação de certa dependência dos agentes econômicos em relação ao Estado para empreender.

Assim, a próxima subseção se dedica a apresentar, em uma abordagem histórica, como a tese defendida por Faoro, apesar das críticas pertinentes que veio a receber de sociólogos e historiadores brasileiros, pode ser tomada como base teórica para as reflexões propostas por este estudo.

2.2 Do patrimonialismo ao capitalismo de estado

Publicada em 1958 e reeditada em 1975, a obra *Donos do Poder* se consolidou como peça fundamental de interpretação da história brasileira e marco referencial para a formação do pensamento social brasileiro. A tese contundente que Faoro desenvolve nesse livro situa a causa de diversas características disfuncionais do Estado brasileiro no transplante da estrutura de poder patrimonialista do Estado português, por meio da importação da estrutura administrativa da Coroa Portuguesa à colônia brasileira, reforçada com sua migração para o Brasil no século XIX.

Essa estrutura, segundo investigada por Faoro, constituía-se sobre a fusão ou confusão – e não a dissociação – entre o bem público, como as terras e o tesouro da Coroa, e a esfera de patrimônio pessoal do governante, de modo que o domínio desses bens se realizava à vontade e a favor do príncipe. Em acepção weberiana, Faoro observa que o patrimonialismo[104] que se instaura no Estado brasileiro, como organização e legitimação do poder político, caracteriza-se, portanto, pela arbitrariedade e pessoalidade do príncipe:

> A Coroa conseguiu formar, desde os primeiros golpes da reconquista, imenso patrimônio rural (bens "requengos", "regalengos", "regoengos", "regeengos"), cuja propriedade se confundia com o domínio da casa real, aplicado o produto nas necessidades coletivas ou pessoais, sob as circunstâncias que distinguiam mal o bem público do bem particular, privativo do príncipe (...) A propriedade do rei – suas terras e seus tesouros – se confunde nos seus aspectos público e particular. Rendas e despesas se aplicam, sem discriminação normativa prévia, nos gastos de família ou em obras e serviços de utilidade geral.[105]

Por decorrência, a administração patrimonial também se constituía sobre a mesma confusão, de modo que não havia discriminação ou distinção entre as funções públicas e as pessoas privadas que as ocupavam. A estrutura de poder patrimonialista se organizava a partir da vontade administrativa do príncipe e de um aparato de funcionários e súditos leais que se apoderavam do Estado e dele se utilizavam para extrair vantagens próprias e particulares.[106]

---

[104] Para uma exposição mais detida e comparativa sobre o conceito de patrimonialismo na obra de Weber e na obra de Faoro, ver: CAMPANTE, Rubens Goyotá. Patrimonialismo em Faoro e Weber. *DADOS – Revista de Ciências Sociais*, v. 46, n. 1, 2003, p. 153-193.

[105] FAORO, Raymundo. *Os donos do poder*: formação do patronato político brasileiro. 3. ed. São Paulo: Globo, 2001, p. 14, 20.

[106] SILVEIRA, Daniel Barile da. *Patrimonialismo e burocracia*: uma análise sobre o Poder Judiciário na formação do Estado brasileiro. 2006. 301 f. Dissertação (Mestrado em Direito) – Universidade de Brasília, Brasília, 2006, p. 75.

CAPÍTULO 2
INTERFACES ENTRE PODER ECONÔMICO E PODER POLÍTICO E CONCORRÊNCIA NO CAPITALISMO BRASILEIRO | 73

Ainda em diálogo com a teoria weberiana, Faoro identifica essa elite administrativa como um "estamento burocrático", compreendido como uma camada social que não é definida por status econômico (critério determinante para a divisão social em classes), mas por critérios sociais e políticos, ainda que possa haver uma coincidência ou superposição de *status* econômico e social, no qual o cargo burocrático é veículo para a diferenciação social. O estamento burocrático se organiza e se define, portanto, por suas relações com o Estado.[107] Para Faoro, o estamento é a elite política do patrimonialismo com efetivo comando em uma ordem de conteúdo aristocrático.[108] São eles os donos do poder e a base do patronato político no país.

Assim, desde o regime de capitanias hereditárias, conforme demonstra Faoro, o empreendimento de colonização foi uma obra estatal realizada por meio da delegação pública de poderes à iniciativa particular, tendo a Coroa Portuguesa confiado a empresa de exploração das donatárias não a grupos que pudessem melhor realizar o empreendimento, mas a grupos que possuíam proximidade com o poder real,[109] já por consequência e em evidência da estrutura patrimonialista que se instalava. Esse sistema de colonização – que posteriormente levaria ao capitalismo politicamente orientado no Brasil, no conceito weberiano – também foi responsável por elevar o senhor de latifúndios ou o senhor de engenho à aristocracia e, a partir daí, à elite política.[110]

O patrimonialismo é, por conseguinte, intrinsecamente personalista, na medida em que despreza as fronteiras entre esferas pública e privada e submete o comando estatal e o governo da nação aos interesses particulares das elites formadas pela aproximação com o príncipe. O favoritismo é o meio por excelência de ascensão social, como enuncia Rubens Goyatá Rampante, uma vez que o particularismo e o poder pessoal governam a sociedade patrimonialista.[111]

---

[107] CAMPANTE, Rubens Goyotá. Patrimonialismo em Faoro e Weber. *DADOS – Revista de Ciências Sociais*, v. 46, n. 1, 2003, p. 153-193, p. 154.

[108] FAORO, Raymundo. *Os donos do poder*: formação do patronato político brasileiro. 3. ed. São Paulo: Globo, 2001, p. 878.

[109] FAORO, Raymundo. *Os donos do poder*: formação do patronato político brasileiro. 3. ed. São Paulo: Globo, 2001, p. 129, 143.

[110] FAORO, Raymundo. *Os donos do poder*: formação do patronato político brasileiro. 3. ed. São Paulo: Globo, 2001, p. 155: "Há um trânsito entre os estados, em estratificação ascendente: da riqueza à aristocracia e da aristocracia ao poder político".

[111] CAMPANTE, Rubens Goyotá. Patrimonialismo em Faoro e Weber. *DADOS – Revista de Ciências Sociais*, v. 46, n. 1, 2003, p. 153-193, p. 154.

O estamento burocrático se aproveita, então, da dominação patrimonialista e se apodera do Estado para manipular os recursos políticos e institucionais a seu favor, como meio de extrair vantagens e privilégios que lhe assegurassem a manutenção de status e a satisfação de interesses particulares. O estamento consegue assim se beneficiar da dominação patrimonialista para explorar "as oportunidades econômicas de desfrute dos bens, das concessões, dos cargos", podendo alcançar os "monopólios de atividades lucrativas e de cargos públicos".[112] Verifica-se, portanto, não apenas a extração de privilégios sociais a partir do Estado pelo estamento burocrático, mas também de proveitos econômicos.

Os contornos ambíguos entre negócios públicos e privados oriundos do domínio patrimonialista são o que enseja o surgimento e a consolidação do estamento burocrático, que institui uma lógica de troca de favores que faz do Estado "um gestor de negócios".[113] Daí a associação entre a dominação patrimonialista e as noções de favoritismo, clientelismo e arbitrariedade – toda atividade patrimonial está ligada à pessoalidade e à política de recompensa personalista que alimenta o estamento burocrático.[114]

A confusão entre setor público e setor privado e o aparelhamento estatal, decorrências diretas do patrimonialismo, é identificada por Faoro como estruturas de um quadro político-social que percorre inabalado por seis séculos de história, desde Dom João I a Getúlio Vargas. Nesse quadro, a "comunidade política conduz, comanda, supervisiona os negócios, como negócios privados seus, na origem, como negócios públicos depois, em linhas que se demarcam gradualmente".[115]

A regressão histórica aqui traçada não é artifício ou distração despropositada. O patrimonialismo e o estamento burocrático são fios condutores determinantes no desenvolvimento do Estado brasileiro e produzem consequências expressivas em nosso quadro político,

---

[112] FAORO, Raymundo. *Os donos do poder*: formação do patronato político brasileiro. 3. ed. São Paulo: Globo, 2001, p. 870, 59.

[113] FAORO, Raymundo. *Os donos do poder*: formação do patronato político brasileiro. 3. ed. São Paulo: Globo, 2001, p. 886: "O poder – a soberania nominalmente popular – tem donos, que não emanam da nação, da sociedade, da plebe ignara e pobre. O chefe não é um delegado, mas um gestor de negócios, gestor de negócios e não mandatário".

[114] SILVEIRA, Daniel Barile da. *Patrimonialismo e burocracia*: uma análise sobre o Poder Judiciário na formação do Estado brasileiro. 2006. 301 f. Dissertação (Mestrado em Direito), Universidade de Brasília, Brasília, 2006, p. 60.

[115] FAORO, Raymundo. *Os donos do poder*: formação do patronato político brasileiro. 3. ed. São Paulo: Globo, 2001, p. 866.

econômico e social. Situar as origens e observar a persistência do sistema patrimonialista possibilitam uma compreensão mais abrangente e crítica sobre como se instituiu a economia de mercado no Brasil e sobre como poder econômico e poder político se interligaram e ainda se interligam nesse sistema econômico. A retomada histórica é adequada e pertinente ao presente estudo, pois se propõe a localizar os elementos que principiam o vínculo entre elites econômica e política e a perceber como tal vínculo é condicionante do capitalismo brasileiro.

A implantação de um sistema patrimonialista no Brasil figura como uma chave de entendimento importante para assimilar não apenas a origem, mas sobretudo a permanência da atuação eminentemente centralizadora do Estado brasileiro no domínio econômico. O apanhado histórico realizado por Faoro demonstra que, à exceção de um breve período na Primeira República, a atuação estatal centralizadora se fez valer desde o período colonial e mostrou-se ainda mais extensiva durante o período ditatorial de Getúlio Vargas, quando se tem o Estado como fonte principal de investimentos empresariais. Essa configuração, como bem percebe Sérgio Lazzarini, intensificou as conexões entre Estado e iniciativa privada, fomentando um cenário no qual cultivar boas relações com o governo era vantajoso e, por vezes, essencial para assegurar a sobrevivência dos negócios privados.[116]

Ao contrário do que se presumia e defendia, o movimento de privatizações da década de 1990 não encerrou com a atuação centralizadora do Estado brasileiro. Apesar da pulverização da participação direta do governo no setor produtivo, o polo de estímulo à atividade econômica permaneceu sob predomínio estatal, de modo que o interesse dos agentes econômicos em nutrir boas e íntimas relações com o poder público e político se manteve em curso, como meios de obtenção de vantagens e oportunidades econômicas.

O capitalismo de estado adotou, então, uma feição distinta, embora tenha continuado como um modelo de "ampla influência do governo na economia, seja por meio da participação majoritária ou minoritária em empresas, seja por meio do provimento de créditos subsidiados e/ou outros privilégios a empresas privadas".[117] Na clas-

---

[116] LAZZARINI, Sérgio G. *Capitalismo de laços*: os donos do Brasil e suas conexões. Rio de Janeiro: Elsevier, 2011, p. 12.

[117] MUSACCHIO, Aldo; LAZZARINI, Sérgio G. *Reinventing state capitalism*: Leviathan in business, Brazil and beyond. Cambridge: Harvard University Press, 2014, p. 2. Tradução livre de: "[T]he widespread influence of the government in the economy, either by owning

sificação de Aldo Musacchio e Sérgio Lazzarini, desenvolvida na obra *Reinventing State Capitalism*, a economia de mercado no Brasil teria, então, se transformado em um capitalismo de Estado no modelo de "Leviatã como investidor minoritário".

Nesse modelo, os governos influenciam a economia indiretamente, atuando como acionistas minoritários e credores de empresas privadas. Esse modelo se configura como uma forma híbrida de capitalismo de Estado, no qual agentes privados controlam as empresas que o governo quer apoiar financeiramente.[118] Ainda que o Estado não atue de modo direto dentro do setor produtivo, esse modelo ainda mantém, como é característico do capitalismo de Estado, os governos em um local de protagonismo na atividade econômica, de modo que as conexões entre público e privado permanecem valiosas e podem conduzir ao capitalismo de camaradagem (ou *crony capitalism*, no termo em inglês).

Afinal, a posição do Estado como investidor minoritário, com envolvimento pulverizado em diversas empresas, aumenta as oportunidades para que as empresas privadas consigam se beneficiar de favores governamentais. Assim, Musacchio e Lazzarini indicam que os modelos híbridos de capitalismo de estado – do qual o Leviatã como investidor minoritário é um tipo –, opostos ao modelo de participação direta dos governos no setor produtivo por meio de empresas estatais, são mais suscetíveis à captura por camaradagem ou compadrio:

> Finalmente, no modelo de Leviatã como investidor minoritário, a presença de vários proprietários privados controladores cujas firmas se apoderam em grande parte do capital estatal amplia as oportunidades para a camaradagem. Considere, por exemplo, o caso de investimentos de capital ou empréstimos subsidiados por bancos de desenvolvimento. Quando os bancos fornecem grandes aportes de capital para a indústria e as taxas de juros subsidiadas são muito inferiores às taxas de mercado, as empresas se beneficiam do investimento em conexões políticas para atrair um aumento substancialmente barato de capital. Portanto, a interface público-privada mais extensa e permeável que prevalece quando o Leviatã é um investidor majoritário e minoritário sugere que

---

majority or minority equity positions in companies or by providing subsidized credit and/or other privileges to private companies".

[118] MUSACCHIO, Aldo; LAZZARINI, Sérgio G. *Reinventing state capitalism*: Leviathan in business, Brazil and beyond. Cambridge: Harvard University Press, 2014, p. 2.

haverá mais camaradagem nesses modelos híbridos [de capitalismo de estado] (...).[119]

Esses desdobramentos podem ser lidos como rastros da tradição patrimonialista e evidenciam que uma dinâmica de proeminência e relevância das relações entre iniciativa privada e Estado tem permeado o desenvolvimento da economia brasileira. As relações políticas e pessoais com o governo foram e continuam primordiais e valiosas para a extração de vantagens econômicas e competitivas pelos agentes privados, à medida que o Estado permanece como fonte fundamental de fomento à atividade produtiva. A permanência do Estado nesse papel incrementa, porquanto, os incentivos e as chances de captura do quadro administrativo, que opera sob uma lógica de favores característica do clientelismo.

Essa conjuntura afeta, sobretudo, a possibilidade de instituição de uma economia de mercado racional e previsível, como argumenta Campante:

> Ou seja, os fundamentos personalistas do poder, a falta de uma esfera pública contraposta à privada, a racionalidade subjetiva e casuística do sistema jurídico, a irracionalidade do sistema fiscal, a não-profissionalização e a tendência intrínseca à corrupção do quadro administrativo, tudo isso contribui para tornar a eficiência governamental altamente problemática no patrimonialismo, especialmente em comparação à eficiência técnica e administrativa que Weber vê em um sistema de poder racional-legal-burocrático. E como tal eficiência é um dos atributos básicos do capitalismo moderno, todos esses fatores mencionados funcionam, também, como um obstáculo à constituição deste em sociedades patrimoniais.[120]

---

[119] MUSACCHIO, Aldo; LAZZARINI, Sérgio G. *Reinventing state capitalism*: Leviathan in business, Brazil and beyond. Cambridge: Harvard University Press, 2014, p. 75. Tradução livre de: "Finally, in the Leviathan as a minority investor model, the presence of several private controlling owners whose firms largely draw from state capital magnifies the opportunities for cronyism. Consider, for instance, the case of equity investments or subsidized loans by development banks. When banks provide massive amounts of capital to industry, and subsidized interest rates are much lower than market rates, the benefit firms get from investing in political connections to attract cheap capital increase substantially. Therefore, the more extensive and permeable public-private interface that prevails when Leviathan is a majority and minority investor suggests that there will be more cronyism in these hybrid modes (...)".

[120] CAMPANTE, Rubens Goyotá. Patrimonialismo em Faoro e Weber. *DADOS – Revista de Ciências Sociais*, v. 46, n. 1, 2003, p. 153-193, p. 161.

Dessas constatações, contudo, não deve decorrer uma interpretação ou conclusão vilanizadora acerca da atuação do Estado no domínio econômico, mas deve, sim, estimular uma percepção crítica sobre como a conformação do sistema capitalista brasileiro instiga e tolera que os agentes privados – notadamente, aqueles detentores de alto nível de poder econômico – se aproveitem do Estado para satisfazer seus interesses e lograr sucesso em seus empreendimentos particulares.

Além disso, uma visão vilanizadora do Estado é limitada e não consegue vislumbrar soluções efetivas ao problema identificado. O discurso sobre redução do Estado, que comumente vem atrelado à ideologia dos livres mercados, não desarticula as interações próximas entre poder econômico e poder político, já que os agentes influentes dificilmente perderão seu acesso privilegiado ao poder público e político. Essa não é uma característica exclusiva do capitalismo brasileiro, afinal, ainda que aqui assuma aspectos distintos e particulares.

Ademais, a perspectiva sociológica apresentada e adotada como fundo teórico desta pesquisa não permite conceber a construção de mercados capitalistas sem uma larga intervenção governamental, tomada como imprescindível para a formulação de instituições estabilizadoras das transações comerciais. Reduzir o Estado não é, portanto, o diagnóstico proposto por essas reflexões, mas, sim, o de reduzir as intromissões que os donos do poder econômico atravessam pelo Estado em detrimento do bem coletivo.

Para tanto, é necessário compreender como essa rede de conexões se costura e se entrelaça em uma teia que se configura como pano de fundo estruturante das instituições de mercado na economia brasileira. Sobretudo, é necessário compreender como essa rede gera implicações particulares para que se realize um efetivo controle jurídico do poder econômico. A subseção seguinte tem, então, o propósito de apresentar como se erige e se desenrola no Brasil um "capitalismo de laços", na acepção de Sérgio Lazzarini.

2.3 Capitalismo e competição: laços, redes e nós

A articulação do conjunto de conceitos e reflexões apresentado no primeiro capítulo e nas seções anteriores visou a encadear as noções necessárias para compreender como a economia de mercado se estrutura a partir de processos sociais. Ressaltou-se, portanto, a essencialidade das relações sociais para a formação das instituições, o comportamento

econômico e a performance dos agentes de mercado. A essencialidade das relações sociais rejeita diversos dos pressupostos da teoria
econômica neoclássica para o sistema capitalista, como a dissociação
dos mercados da vida social, a atomização dos atores econômicos e o
mecanismo de competição.

Em uma perspectiva histórica do desenvolvimento da política
econômica no Brasil – fundada em um sistema patrimonialista que se
infiltrou no arranjo das instituições de mercado e culminou no capitalismo de Estado à brasileira –, denota-se o caráter predominantemente
relacional[121] que a atividade produtiva assume no Brasil, no sentido de
que ela se assenta e se ergue sobre o já mencionado tecido de relações
pessoais e políticas. Esse tecido atesta a centralidade das interações
sociais no seio das interações econômicas, uma vez que aquelas se tornam trunfos importantes para a obtenção de vantagens e privilégios
nestas últimas.

2.3.1   O capitalismo de laços brasileiro

A obra *Capitalismo de laços*, publicada em 2011, de Sérgio Lazzarini,
tem precisamente a intenção de expor como o capitalismo no Brasil se
ancora nessa rede de conexões sociais entre poder político e poder econômico, que muitas vezes faz questionar sobre o modelo de economia
de mercado que se instituiu no país e a adequação da regulação econômica vigente. Para Lazzarini, o capitalismo de laços consiste em um
"emaranhado de contatos, alianças e estratégias de apoio gravitando
em torno de interesses políticos e econômicos", por meio do qual os
agentes de mercado fazem "uso de *relações* para explorar oportunidades
de mercado ou para influenciar determinadas decisões de interesse".[122]

Como explica o autor, a acepção de "laços" empregada não
denota relações íntimas e duradouras entre as partes, mas procura
designar relações sociais valiosas, ainda que sejam pontuais. Os laços
envolvem pessoas em um contato estabelecido com vistas à obtenção

---

[121] O termo adotado é replicado da análise proposta por Sérgio Lazzarini: "A abordagem
relacional deste livro vai ao encontro de uma longa literatura sobre a matriz cultural da
sociedade no Brasil. Por exemplo, o antropólogo Roberto Da Matta enxerga 'a *relação* como
um elemento estrutural no caso brasileiro'". *In*: LAZZARINI, Sérgio G. *Capitalismo de laços*:
os donos do Brasil e suas conexões. Rio de Janeiro: Elsevier, 2011, p. 12.

[122] LAZZARINI, Sérgio G. *Capitalismo de laços*: os donos do Brasil e suas conexões. Rio de
Janeiro: Elsevier, 2011, p. 3-4.

de benefícios particulares ou em uma interação de apoio com vistas a algo em retorno no futuro. Laço é, portanto, uma "relação entre atores sociais para fins econômicos".[123]

Ainda que a análise de Lazzarini se detenha particularmente sobre a realidade brasileira, o fenômeno do capitalismo de laços não parece ser exclusivo ao Brasil, uma vez que se observa uma preocupação crescente, em economias diversas, com o já mencionado *crony capitalism* ou capitalismo de camaradagem, que, ao menos em algum grau, pode ser um fenômeno equiparável ao nosso.

Conceitua-se o capitalismo de camaradagem como um sistema no qual os grupos próximos às autoridades políticas, que elaboram e aplicam as leis e políticas públicas, recebem favores que possuem grande valor econômico, posto que tais favores permitem que agentes econômicos bem conectados politicamente possam ganhar retornos superiores àqueles que prevaleceriam em uma situação de mercado.[124]

À medida que os contatos entre políticos e governantes, de um lado, e agentes econômicos privados, de outro, têm se tornado mais salientes nas democracias capitalistas, despontam em igual medida reflexões sobre as causas e consequências desse fenômeno, bem como indagações sobre se isso seria uma disfunção ou uma característica comum do capitalismo. A difusão e abrangência do fenômeno, mesmo em face à multiplicidade de realidades econômicas afetadas, que se estendem da Ásia às Américas, deveriam nos conduzir à conclusão de que é *característico* do capitalismo a formação de redes de conexões entre agentes políticos e privados.

Não obstante, a conotação pejorativa que tem sido associada ao termo, em razão dos transtornos que o fenômeno gera em sentido econômico, tem levado ao entendimento – ao menos daqueles estudiosos que defendem a permanência do capitalismo – de que o *crony capitalism* seria, de fato, uma distorção – do que se presume, por conseguinte, que haveria um tipo "ideal" de economia de mercado no qual essas relações

---

[123] LAZZARINI, Sérgio G. *Capitalismo de laços*: os donos do Brasil e suas conexões. Rio de Janeiro: Elsevier, 2011, p. 4.

[124] HABER, Stephen. Introduction: the political economy of crony capitalism. *In*: HABER, Stephen (ed.). *Crony capitalism and economic growth in Latin America*: theory and evidence, p. xi-xxi. Stanford: Hoover Institution Press, 2002, p. xii: "Crony capitalism is usually thought of as a system in which those close to the political authorities who make and enforce policies receive favors that have large economic value. These favors allow politically connected economic agents to earn returns above those that would prevail in an economy in which the factors of production were priced by the market".

não existiriam ou não gerariam efeitos negativos.[125] A camaradagem seria uma distorção do sistema capitalista por afetar o mecanismo de competição nos mercados. Ao subverter a concorrência, a camaradagem permitiria a criação de monopólios ou de agentes privados com um poder de mercado tão amplo, que transcenderia os limites da indústria e se tornaria efetivamente um poder político.[126]

Uma visão alternativa, a partir da Ciência Política, sugere que o capitalismo de camaradagem surge como uma *solução de compromisso* entre governos e agentes privados. Ainda que não seja uma solução desejável, o capitalismo de camaradagem seria uma forma de contornar a insegurança que agentes privados e investidores, sobretudo, possuem em face aos governos, que são responsáveis por estabelecer e proteger os direitos de propriedade e, por conseguinte, também são capazes de revogá-los. Assim, argumenta Stephen Haber, as relações entre governos e agentes econômicos surgem como formas de assegurar que o Estado estará de mãos atadas e não poderá ser arbitrário em suas decisões sobre as "regras do jogo".[127]

A despeito desse debate, é importante observar que o capitalismo de laços se apresenta como um produto específico da realidade político-econômica brasileira, atrelado às raízes patrimonialistas nas quais se assenta a história do país. Expressamente, Lazzarini indica o processo analisado na obra de Faoro como descritivo das causas e condições que normalizaram o enlace íntimo entre grupos sociais e governo no cenário econômico nacional. Por isso mesmo, Lazzarini indica que "os donos do poder são aqueles que se inserem e se articulam em um emaranhado de laços corporativos entre atores públicos e privados".[128]

Nesse emaranhado, as entidades governamentais tendem a se destacar como atores centrais e com funções de conexão entre os elos.[129]

---

[125] Essa visão, por exemplo, parece ser adotada por Luigi Zingales na obra *A capitalism for the people*, na qual o autor faz uma análise do capitalismo nos Estados Unidos e indica que esse teria sido corrompido, de modo que seria necessário recuperar o verdadeiro caráter de prosperidade gerado pela economia de mercado.

[126] ZINGALES, Luigi. *A capitalism for the people*: Recapturing the lost genius of American prosperity. New York: Basic Book, 2012, p. 75.

[127] HABER, Stephen. Introduction: the political economy of crony capitalism. *In*: HABER, Stephen (ed.). *Crony capitalism and economic growth in Latin America*: theory and evidence, p. xi-xxi. Stanford: Hoover Institution Press, 2002.

[128] LAZZARINI, Sérgio G. *Capitalismo de laços*: os donos do Brasil e suas conexões. Rio de Janeiro: Elsevier, 2011, p. 13.

[129] LAZZARINI, Sérgio G. *Capitalismo de laços*: os donos do Brasil e suas conexões. Rio de Janeiro: Elsevier, 2011, p. 14.

Todavia, os laços não se estabelecem apenas em referência ao poder público, mas também criam uma rede complexa entre atores privados. Essa rede se costura por meio de um conjunto extenso de possibilidades de interações entre atores sociais, mas foi mapeada por Lazzarini a partir de uma radiografia de proprietários e controladores de empresas que se relacionam por meio de participações societárias comuns e cruzadas.

Essa radiografia é demonstrada pelo autor em um quadro de dois planos: no plano superior, projetam-se as firmas analisadas; no plano inferior, os seus proprietários. Os dois planos se relacionam por meio de flechas que vinculam os proprietários às firmas por eles detidas. No plano inferior, tracejam-se linhas entre os proprietários que se relacionam entre si por compartilharem capital de empresas comuns.[130] Esse quadro revela uma densa rede de propriedade que já evidencia os meios e caminhos possíveis para a formação dos *laços*.

A densidade de laços sobrepostos na rede pode vir a gerar *aglomerações*, que emergem pela existência de um conjunto de proprietários que compartilham capital nas mesmas empresas. Lazzarini também indica que é um padrão nas redes a existência de *atores de interligação*, que conectam aglomerações diferentes e, assim, possuem um papel de *conectividade*, ao aproximarem, indiretamente, aglomerações distintas.[131]

O quadro de relações corporativas se complexifica ainda mais com a inserção dos *grupos econômicos*. Insere-se no esquema um plano intermediário no qual se projetam os grupos, que são detidos pelos proprietários, no plano inferior, e possuem participações nas firmas, projetadas no plano superior. Isto é, a inserção dos grupos empresariais no esquema ramifica ainda mais as interações, já que os grupos, diferentemente das firmas, possuem investimentos e participações em diversas outras unidades empresariais. Assim, o grupo é um aglomerado de firmas e, ao mesmo tempo, representa um conjunto de proprietários interligados na entidade controladora do grupo.[132] Para facilitar a compreensão desse quadro, expõe-se na sequência a imagem para visualização do esquema:

---

[130] LAZZARINI, Sérgio G. *Capitalismo de laços*: os donos do Brasil e suas conexões. Rio de Janeiro: Elsevier, 2011, p. 8.

[131] LAZZARINI, Sérgio G. *Capitalismo de laços*: os donos do Brasil e suas conexões. Rio de Janeiro: Elsevier, 2011, p. 9.

[132] LAZZARINI, Sérgio G. *Capitalismo de laços*: os donos do Brasil e suas conexões. Rio de Janeiro: Elsevier, 2011, p. 57-59.

Figura 1. Ilustração simplificada das relações societárias
entre os grupos Vale e CSN/Vicunha (2009)

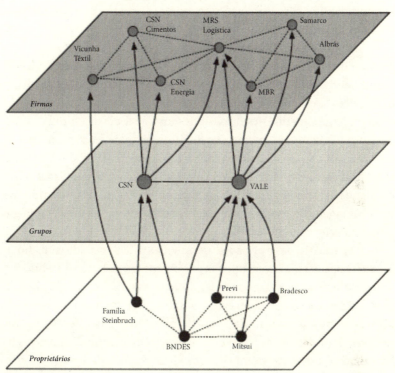

Fonte: Reprodução[133]

Para o autor, essa rede relaciona e representa os *grupos privados domésticos*, que se configuram como um dos três eixos estruturantes do capitalismo de laços. O primeiro dos eixos consiste no *sistema político* vigente no país, formado pelos partidos e seus representantes; o segundo consiste nos *atores governamentais*, tanto diretos, como o próprio Poder Executivo, quanto indiretos, como as empresas estatais e seus fundos

---

[133] Reprodução de imagem em: LAZZARINI, Sérgio G. *Capitalismo de laços*: os donos do Brasil e suas conexões. Rio de Janeiro: Elsevier, 2011, p. 58: "Figura 4.1 – Ilustração simplificada das complexas relações entre os grupos Vale e CSN/Vicunha (2009). A figura não inclui todos os proprietários e firmas dos grupos indicados. A existência de firmas que pertencem ao mesmo grupo cria uma relação projetada entre elas (laços tracejados no plano superior). Do mesmo modo, a existência de firmas pertencentes a dois ou mais grupos (como no caso da MRS Logística) cria um laço projetado entre os grupos (linha tracejada no plano intermediário)".

de pensão. Esses três eixos se articulam por meio dos laços, já que as coalizões do sistema político tendem a se aproximar das entidades governamentais e, por sua vez, os agentes privados visam ao estabelecimento de relações com esses dois eixos.[134]

Há, portanto, diversos laços que se estabelecem internamente no eixo dos grupos privados domésticos, a partir das interações no âmbito corporativo, e diversos laços que reciprocamente envolvem os três eixos. As conexões dos grupos privados com as entidades políticas e governamentais podem se desenrolar a partir de uma lógica *coletiva*, que envolve associações e entidades patronais, pela qual se buscam iniciativas que favoreçam o grupo como um todo. De outro lado, as conexões podem também assumir uma lógica *individual*, a fim de atender interesses específicos de um único agente, conferindo-lhe uma vantagem competitiva *privada*. Essa seria, portanto, uma estratégia de articulação clientelista.[135]

As articulações e pressões promovidas pela sociedade civil, movimentos sociais e outros grupos organizados junto a atores políticos e governamentais são elementos legítimos e característicos do sistema democrático e se constituem como estratégias relevantes para a reivindicação e movimentação de pautas e demandas nas esferas dos três poderes. Entretanto, as conexões que se travam no capitalismo de laços tensionam e, por vezes, rompem com a legitimidade dessas estratégias, já que elas não se instituem como disputas políticas ou ideológicas – ainda que movidas por interesses particulares ou setoriais –, mas como negociatas induzidas pela influência do dinheiro.

Essa distinção é relevante para que não se confundam atitudes democráticas de articulação política com relações espúrias entre esferas pública e privada. A desigualdade de influência decorrente da desigualdade econômica é a chave para compreender como as conexões formadas no capitalismo de laços se esquivam das regras do jogo democrático. Como bem percebe Bruno Carazza, os poderes Executivo e Legislativo devem ser permeáveis às demandas da sociedade, porém o acesso desnivelado aos poderes é o que permite a distorção: aqueles que têm

---

[134] LAZZARINI, Sérgio G. *Capitalismo de laços*: os donos do Brasil e suas conexões. Rio de Janeiro: Elsevier, 2011, p. 15.

[135] LAZZARINI, Sérgio G. *Capitalismo de laços*: os donos do Brasil e suas conexões. Rio de Janeiro: Elsevier, 2011, p. 42-43.

mais condições de mobilizar parlamentares e autoridades são aqueles que possuem maiores chances de terem seus interesses atendidos.[136]

Os canais de contato e influência instituídos pelo capitalismo de laços se perfazem, portanto, a partir da lógica clientelista: o apoio político dado por um agente privado é retribuído com um favor da entidade política ou governamental e vice-versa. Esses canais podem ser criados por diversos meios e pontos de contato[137] e, no contexto brasileiro, o sistema político-eleitoral se destaca como uma via estratégica para o estabelecimento dos laços.

2.3.2 Canais de laços: o financiamento de campanha eleitoral

O financiamento de campanha eleitoral desempenha uma função destacada nessa vinculação, ao aliar poder econômico e poder político no patrocínio de candidaturas de partidos políticos e na promoção da disputa eleitoral. Embora institucionalizada e legitimada por princípios constitucionais e democráticos, a interação entre agentes privados e políticos facilitada nesse canal suscita preocupações relacionadas às possíveis interferências e distorções que o patrocínio eleitoral pelo poder econômico pode ocasionar no sistema político, na democracia e na economia.

O estudo de Stijn Claessens, Erik Feijen e Luc Laeven, citado por Lazzarini, apurou que, no período de 1998 a 2002, as empresas que mais doaram a candidatos vencedores conseguiram acesso preferencial a capital financeiro, obtendo mais empréstimos que outras empresas nos quatro anos subsequentes às eleições.[138] Traça-se, então, uma relação direta entre as contribuições de campanha e o acesso ao crédito de bancos estatais, evidenciando que o financiamento eleitoral

---

[136] CARAZZA, Bruno. *Dinheiro, eleições e poder*: as engrenagens do sistema político brasileiro. São Paulo: Companhia das Letras, 2018, p. 187.

[137] Lazzarini vai indicar, por exemplo, que as empresas podem estabelecer pontos de contato com o governo e o sistema político por meio da participação conjunta no capital de empresas ou pela indicação de um empresário para ocupar um cargo público, posteriormente retornando à iniciativa privada com contatos e conhecimentos do setor público, ou, ainda, em sentido oposto, pela migração de um político para a iniciativa privada, levando suas conexões e alianças políticas para o setor. LAZZARINI, Sérgio G. *Capitalismo de laços*: os donos do Brasil e suas conexões. Rio de Janeiro: Elsevier, 2011, p. 43.

[138] CLAESSENS, Stijn; FEIJEN, Erik e LAEVEN, Luc. Political connections and preferential access to finance: the role of campaign contributions. *Journal of Financial Economics*, vol. 88, 2008, p. 554-580.

é uma ferramenta à disposição de grandes empresas para alavancar vantagem competitiva no acesso facilitado ao crédito.

Em sentido similar, citam-se ainda três pesquisas que mapeiam as relações entre financiamento de campanha e o favorecimento a empresas privadas. Rodrigo Bandeira-de-Mello e Rosilene Marcon[139] procuraram identificar o grau de conexão entre políticos e empresas, no período de 1999 a 2011, e, para tanto, adotaram as doações eleitorais como variável de análise. Os autores identificaram que as empresas que realizaram contribuições de campanha reduziram o custo de suas dívidas em quase dez pontos percentuais no período apurado.

Lazzarini, Musacchio, Bandeira-de-Mello e Marcon,[140] em artigo publicado em 2014, identificaram evidências, no período de 2002 a 2009, de que empresas que realizaram doações eleitorais para candidatos vencedores têm maior chance de receber financiamento na forma de empréstimos do Banco Nacional de Desenvolvimento Econômico e Social (BNDES). Segundo os autores, essa correlação gera uma má alocação de crédito, já que as empresas agraciadas com os empréstimos poderiam financiar seus projetos a partir de outras fontes de capital. A conexão política furta, portanto, a chance de que empresas de menor porte e com maiores dificuldades de acesso ao crédito consigam o financiamento pelo BNDES.

Por sua vez, Taylor Boas, Daniel Hidalgo e Neal Richardson[141] realizaram uma pesquisa que relacionou o financiamento eleitoral privado e as licitações públicas. Em artigo publicado em 2014, os autores investigaram o efeito que uma vitória eleitoral pode imprimir sobre os contratos públicos para as empresas que doaram às campanhas. Ao analisar as doações de campanha e resultados de licitações do governo federal no setor de obras públicas, antes e após 2006, os autores observaram que empresas doadoras de campanha para deputados federais vitoriosos conseguiram aumentos substanciais de contratos.

---

[139] BANDEIRA-DE-MELLO, Rodrigo; MACRON, Rosilene. The value of business group affiliation for political connections: preferential lending in Brazil. *In*: V Encontro de Estudos em Estratégia, 2011, Porto Alegre. *Anais do 3Es*, 2011, v. 1, p. 1-16.

[140] LAZZARINI, Sergio G.; MUSACCHIO, Aldo; BANDEIRA-DE-MELLO, Rodrigo; MARCON, Rosilene. What do state-owned development banks do? Evidence from BNDES, 2002-09. *World Development*, vol. 66, 2015, p. 237-253.

[141] BOAS, Taylor; HIDALGO, F. Daniel; RICHARDSON, Neal P. The spoils of victory: Campaign donations and government contracts in Brazil. *The Journal of Politics*, vol. 76, n. 2, 2014, p. 415-429.

Estimou-se que a vitória eleitoral gerou, em média, um adicional de R$ 138.601,00 a R$ 346.267,00 em contratos públicos para cada doador corporativo, o que significou 14 a 39 vezes o valor da contribuição média realizada para o partido do então Presidente da República, o Partido dos Trabalhadores.[142] Os achados de pesquisa confirmam, portanto, que as doações privadas de campanha podem, sim, influenciar e "comprar" efeitos desejados em licitações e, eventualmente, outras políticas públicas.

Esses estudos e diversos outros similares confirmam que há grandes retornos para agentes privados que se engajam em doações para campanhas políticas. O fluxo de dinheiro que atravessa o canal do financiamento eleitoral pouco ou nada se relaciona com ideologia ou preferência política, sendo direcionado, essencialmente, pelo objetivo de estreitar contatos e relações com autoridades políticas e governamentais e, com isso, satisfazer interesses econômicos privados.[143] O financiamento eleitoral é, portanto, um dos principais espaços de aproximação e criação de laços entre agentes privados e agentes políticos, motivo pelo qual desperta a necessidade de que se dediquem esforços, a partir de ramos distintos do Direito, para atenuar a influência do dinheiro sobre o sistema político-eleitoral e desenvolver medidas que promovam disputas eleitorais em condições mais equalizadas e, assim, igualitárias e democráticas.

Em que pese a decisão do Supremo Tribunal Federal (STF), na Ação Direta de Constitucionalidade nº 4.650 (ADI 4.650) – que proibiu a doação por empresas a campanhas eleitorais –, não se estancaram os riscos de captura política pelo poder econômico por meio do financiamento eleitoral. Na ocasião, a maioria plenária do STF entendeu que a proibição de doação financeira por pessoas jurídicas serviria para corrigir distorções no sistema eleitoral, uma vez que se percebia que as contribuições eleitorais por empresas constituíam uma ação estratégica para estreitar as relações entre poder econômico e poder público.

---

[142] Os pesquisadores explicam que não encontraram esses efeitos para candidatos de outros partidos, incluindo aqueles aliados ao Partido dos Trabalhadores, e discorrem sobre como a dinâmica de coalizão, o jogo de doações e a estratégia de governo do Partido dos Trabalhadores fizeram com que os ganhos da vitória eleitoral se concentrassem apenas nos candidatos do partido no poder.

[143] CARAZZA, Bruno. *Dinheiro, eleições e poder*: as engrenagens do sistema político brasileiro. São Paulo: Companhia das Letras, 2018, capítulos 4 e 5.

Não obstante, essa proibição não desconstituiu o financiamento eleitoral como um canal de aproximação e ação estratégica entre agentes privados e políticos, uma vez que as regras de financiamento eleitoral por pessoas físicas ainda viabilizam o estreitamento das relações. Não à toa, verificam-se três tendências crescentes relacionadas ao financiamento eleitoral por pessoas físicas no Brasil: (i) baixa participação da população em geral; (ii) participação ascendente de candidatos que fazem uso de grandes volumes de recursos próprios nas suas campanhas; e (iii) crescimento de doações milionárias de pessoas físicas ligadas a grandes grupos empresariais.[144] As regras vigentes, então, não conseguiram neutralizar a influência decisiva do dinheiro no sistema político-eleitoral, como explica Bruno Carazza, e induzem a um cenário preocupante de desigualdade política por decorrência da desigualdade econômica.

A aproximação estratégica de agentes privados junto ao sistema político, por meio do financiamento eleitoral, também ambiciona o propósito de se assegurar o acesso privilegiado ao lobby e a influência sobre assuntos legislativos e regulatórios.

Ao analisar o percentual de membros de cada uma das comissões permanentes da Câmara de Deputados na 55ª legislatura (2015-2018) que receberam doações dos segmentos agropecuário, financeiro, industrial e de infraestrutura, Carazza observou que há uma clara tendência de que as principais comissões sejam dominadas por parlamentares que receberam doações de setores que possuem grande interesse nos assuntos que integram o rol de competências da comissão.[145] Similarmente, Carazza também constatou que, na média, 54% das medidas provisórias setoriais analisadas entre 2003 e 2014 foram relatadas por deputados que receberam doações de alguma empresa que seria afetada pela nova norma.

2.3.3 Laços e obstruções à democracia e à concorrência

A formação dos laços pelos agentes privados, portanto, visa a um leque profuso de vantagens e privilégios concedidos pela máquina pública, que se traduzem não apenas como a facilitação de acesso ao

---

[144] CARAZZA, Bruno. *Dinheiro, eleições e poder*: as engrenagens do sistema político brasileiro. São Paulo: Companhia das Letras, 2018, p. 224.

[145] CARAZZA, Bruno. *Dinheiro, eleições e poder*: as engrenagens do sistema político brasileiro. São Paulo: Companhia das Letras, 2018, capítulo 14.

crédito ou o aumento de ganhos com contratos públicos, mas também na própria produção legislativa e de políticas públicas. Essa face do capitalismo de laços parece revelar uma degeneração sistêmica ainda mais incisiva, na medida em que os agentes com poder econômico usufruem de uma ampla entrada no Poder Legislativo e conseguem manipular as regras e condições setoriais em seu benefício particular.

Ademais, os laços que se desenvolvem dentro do eixo de grupos privados domésticos também repercutem seriamente sobre a esfera econômica e política. Ainda que se considere que os grupos econômicos possam ser formas organizacionais eficientes por reduzirem custos de transação, constatam-se riscos associados à formação de conglomerados econômicos, aqui enumerados em três tipos: (i) os grupos podem se utilizar de transferências internas em sua cadeia para benefícios próprios, em razão da estrutura de propriedade concentrada; (ii) os grupos tendem a capturar mais facilmente benefícios públicos; e (iii) os grupos elevam os riscos de ocorrência de condutas anticompetitivas relativas a conluio e coordenação de estratégias comerciais.[146]

Os meios de aproximação citados, contudo, não se constituem, a rigor, como práticas ilícitas. A lógica clientelista que predomina na organização política e eleitoral brasileira é, antes de tudo, um problema sistêmico complexo, que muitas vezes situa as relações entre agentes públicos e privados em uma zona cinzenta. É por isso mesmo, inclusive, que a abordagem do fenômeno é trabalhosa e delicada, porque não se trata precisamente, no mais das vezes, de crimes ou condutas ilegais tipificadas. Tanto é assim, que Lazzarini pondera que o capitalismo de laços costuma operar com situações limítrofes, para as quais não é trivial traçar uma linha que separe o que é corrupção ou uma atitude estratégica legítima.[147]

Em sentido similar à visão proposta pela Ciência Política a respeito do capitalismo de camaradagem, Lazzarini compreende que a formação dos laços no cenário político-econômico nacional seria uma maneira de administrar a burocracia estatal, configurando-se como um custo adicional a ser incorporado pela iniciativa privada em seus procedimentos de interação com o governo. O autor pondera, então, que, se esse custo adicional se restringir à interação particular entre

---

[146] LAZZARINI, Sérgio G. *Capitalismo de laços*: os donos do Brasil e suas conexões. Rio de Janeiro: Elsevier, 2011, p. 67-70.

[147] *Ibidem*, p. 52.

empresa e governo e não gerar efeitos adversos para outras partes, ele seria apenas uma transferência de renda da empresa para políticos e burocratas estatais.

Nesse ponto, Lazzarini observa que o acesso privilegiado ao crédito por meio das conexões políticas, por exemplo, não seria problemático em um cenário no qual esse recurso não fosse escasso, já que empresas que não tivessem essas conexões ainda assim poderiam conseguir o apoio financeiro por outras fontes. Os efeitos perversos dessas conexões, segundo o autor, estariam presentes nos casos em que os laços levem "à aprovação e financiamento de projetos inferiores, de menor qualidade ou elevado custo", gerando uma "perda real para a sociedade".[148]

Essa compreensão, todavia, parece desconsiderar que o acesso privilegiado a fontes de financiamento, o ganho majorado em contratos públicos, a influência sobre assuntos legislativos e outros efeitos do capitalismo de laços são, em si, deturpações do sistema democrático. A perda real para a sociedade não se concretiza apenas nos casos em que os recursos são escassos ou quando são ruins os projetos financiados ou vencedores em licitações. A perda real ocorre ainda antes: desde quando se institui um jogo viciado que apenas as elites econômica e política são convidadas a jogar e apenas elas conseguem usufruir dos serviços prestados pelo Estado.

Além disso, essa noção também infunde uma lacuna dramática no controle jurídico do poder econômico, que consegue se infiltrar no sistema político e desnivelar as condições de concorrência nos mercados. As distorções promovidas pela dinâmica de laços afrontam o princípio constitucional da livre concorrência e o padrão de competição pelo mérito.[149] Seguindo a metáfora de Lazzarini, ao passo que os laços se

---

[148] LAZZARINI, Sérgio G. *Capitalismo de laços*: os donos do Brasil e suas conexões. Rio de Janeiro: Elsevier, 2011, p. 53: "Como outro exemplo, considere novamente o efeito de conexões políticas gerando acesso privilegiado a crédito. O que acontece se uma firma utilizar seus contatos para obter apoio financeiro diferenciado? Essa ação imporá custos à sociedade? Não necessariamente, se o crédito não for recurso escasso: a empresa conseguirá seus recursos, assim como outras empresas que quiserem investir em projetos tão ou mais meritórios. Porém, grande parte do valor das conexões políticas é o acesso que geram a recursos escassos. Haverá provavelmente um processo de autosseleção: quem não tiver condições de sobreviver por conta própria, pela sua própria competência, poderá embasar suas estratégias em contatos políticos que possibilitem oportunidades diferenciadas. Se esses contatos levarem à aprovação e financiamento de projetos inferiores, de menor qualidade ou elevado custo, haverá uma perda real para a sociedade".

[149] Sem prejuízo de outras definições similares, entende-se, neste estudo, por padrão de competição pelo mérito aquilo que Calixto Salomão Filho indicou ser uma regra mínima

configuram, para alguns, como oportunidades a serem exploradas, para outros, eles se constituem como nós que obstruem o desenvolvimento daqueles que não se privilegiam de conexões e relações para atuar e competir nos mercados.

O contexto fortemente relacional do capitalismo de laços corrobora a perspectiva sociológica de que as ações e comportamentos econômicos estão imbricados em um tecido social complexo, denso e determinante para a fundação dos mercados e suas instituições. As relações políticas nesse contexto são decisivas para o sucesso de empreendimentos privados e, por consequência, se tornam artifícios altamente visados pelos agentes econômicos. Sobretudo no Brasil, é por demais ingênua – ou é propositadamente dissimulada – a visão de que as conexões políticas não afetam o desempenho dos agentes de mercado e que, assim sendo, poderiam passar ao largo do controle jurídico do poder econômico e da defesa da concorrência.

Os efeitos deletérios à concorrência são intuitivos e permitem articular uma teoria de dano concorrencial um tanto evidente: as relações políticas alavancam oportunidades que estariam indisponíveis no mercado a partir de uma performance estritamente econômica. Em uma linguagem própria ao direito da concorrência, as relações políticas poderiam, então, ser percebidas como barreiras à entrada, vantagens competitivas indevidas, fontes de poder de mercado e, ainda, como meios para o exercício abusivo do poder econômico. O cenário se agrava ainda mais, porque as evidências empíricas coletadas nos estudos mencionados demonstram que os agentes que se aproveitam da dinâmica de laços – *os donos do poder* – são justamente os agentes detentores de grau elevado de poder econômico.

São eles que conseguem estabelecer canais de contato privilegiados e exercer influência sobre atores políticos e entidades governamentais no objetivo de extrair vantagens econômicas e competitivas. Disso deve decorrer uma preocupação diferenciada a respeito dos efeitos da concentração de poder econômico de agentes privados, na medida em que o aumento de poder econômico se associa diretamente à elevação de poder político. A noção de poder econômico deve se expandir a partir

---

para o direito concorrencial: "garantir que o sucesso relativo das empresas no mercado dependa exclusivamente de suas virtudes, e não de sua "esperteza negocial", isto é, de sua capacidade de desviar consumidores de seus concorrentes sem que isso decorra de comparações baseadas exclusivamente em dados do mercado". *In*: SALOMÃO FILHO, Calixto. *Direito Concorrencial*. São Paulo: Malheiros, 2013, p. 67.

da constatação desses desdobramentos e, com isso, igualmente refinar e ampliar os instrumentos para o seu controle jurídico.

Essa preocupação será desenvolvida no próximo capítulo, que se propõe a refletir sobre a necessidade de incorporação da dimensão política – intimamente relacionada com o poder econômico, como demonstrado – na análise realizada em sede de controle de estruturas no direito da concorrência, sobretudo quando se considera o referencial normativo disposto pela ordem econômica constitucional.

CAPÍTULO 3

REFERENCIAIS CONSTITUCIONAIS PARA O CONTROLE DE ESTRUTURAS: LIMITAÇÃO À CONCENTRAÇÃO DE PODER ECONÔMICO E SEUS EFEITOS POLÍTICOS

A exposição sobre a concepção sociológica dos mercados e a apresentação sobre o fenômeno do capitalismo de laços brasileiro buscaram articular um arcabouço de conceitos e reflexões teóricas com um conjunto de evidências e elementos fáticos que, concatenados, permitem elucidar a centralidade das relações sociais para a estruturação da economia de mercado, em âmbito mais amplo, e para o desempenho econômico dos agentes de mercado, em âmbito mais específico.

O enlace entre poder econômico e poder político, que ampara o contexto relacional da realidade econômica brasileira, produz uma série de distorções para o sistema político-econômico e para a democracia. O acesso facilitado às entidades governamentais e políticas, somado à concessão de favores e privilégios econômicos, alerta para a forte interferência que o acúmulo de poder econômico de agentes privados projeta sobre a esfera política e pública. As repercussões do acúmulo de poder econômico excedem, portanto, o âmbito tido como puramente econômico e se espraiam para o âmbito político.

Como ramo voltado ao controle do poder econômico e ao estímulo da competição econômica, o direito da concorrência desponta como um instrumento válido e poderoso para promover o desenlace entre poder econômico e poder político.[150] Especificamente, a disciplina

---

[150] Por certo, outros ramos do ordenamento jurídico devem e podem contribuir, de forma mais ou menos abrangente e efetiva que o direito da concorrência, para que se desfaçam os

sobre as estruturas empresariais e sobre as formas de organização do poder econômico realizada por meio do controle de concentrações dispõe de um aparato sofisticado e adequado para impedir a acumulação de poder econômico que possa induzir e produzir abusos que afetem não somente o ambiente concorrencial, mas também o ambiente político-democrático.

No entanto, na contramão da realidade econômica nacional, o direito da concorrência brasileiro parece se fazer alheio às discussões atuais e prementes sobre a grave consolidação de poder econômico no atual contexto das economias capitalistas contemporâneas e sua relação com a produção de efeitos que fragilizam as democracias, agravam as desigualdades econômicas e políticas, retardam o desenvolvimento econômico, acentuam as assimetrias nas relações de trabalho, impactam a formação da opinião pública e a liberdade de expressão, entre tantas outras dimensões.

Especificamente no campo do direito da concorrência, cresce um conjunto de estudos que problematizam a permissividade exagerada com altos níveis de concentração econômica, argumentam pela existência de impactos diversos decorrentes da concentração de mercados e, por conseguinte, reivindicam uma abordagem mais abrangente e consistente do controle de estruturas,[151] a fim de que o direito da concorrência, de modo geral, possa assegurar uma economia de mercado competitiva.

A partir disso, o presente capítulo se presta a pensar como o direito da concorrência, em face à realidade brasileira, no diálogo com os recentes estudos e fundado no referencial normativo da ordem econômica constitucional, deve, por meio do controle de estruturas, ponderar e avaliar os efeitos políticos derivados da concentração de poder econômico. Nessa reflexão, o capítulo também explora, como possível causa para o referido alheamento, a influência da Escola de Chicago e o fenômeno da desconstitucionalização do direito da concorrência, que explicam como a aplicação do direito da concorrência brasileiro tem se

---

vínculos e interferências indevidas do sistema econômico sobre o político. Isso não obsta, contudo, que o direito da concorrência faça parte dessa solução que, obviamente, reúne esforços e áreas diversos em abordagem combinada e coordenada.

[151] O reconhecimento de que o acúmulo de poder econômico pode repercutir em variadas esferas certamente levanta implicações também para o controle de condutas do direito concorrencial. No entanto, o presente estudo focará apenas no controle de estruturas, uma vez que tal disciplina se relaciona mais direta e intuitivamente com a problemática apresentada.

isolado e ignorado a normatividade constitucional para efetivação do controle jurídico do poder econômico.

Para tanto, o roteiro do capítulo se perfaz no seguinte encadeamento: primeiramente, apresentam-se os pressupostos gerais que organizam a aplicação do controle de estruturas no direito concorrencial brasileiro, para na sequência problematizar sobre como a influência da Escola de Chicago, ao difundir uma concepção teórica rasa de poder econômico e dos objetivos da política concorrencial, tem promovido um controle superficial e permissivo com concentrações econômicas. Contrapostas às concepções de Chicago, crescem as pesquisas e reflexões que mapeiam os efeitos "não econômicos" de concentrações de mercado e alertam para a importância de considerar e avaliar esses efeitos na análise concorrencial. Essa literatura é, então, apresentada, no objetivo de ilustrar como o debate tem avançado no sentido de conceber os impactos do acúmulo de poder de mercado em uma perspectiva expandida.

Após essas seções, inicia-se a reflexão sobre a necessidade de incorporar ao direito concorrencial brasileiro os referenciais constitucionais para a orientação da aplicação do controle de estruturas, com a consideração da ideologia promulgada na Constituição Federal de 1988 e dos princípios que organizam não apenas a ordem econômica constitucional, mas toda a ordem constitucional brasileira. O esforço de constitucionalização do direito da concorrência esclarece como preocupações com a democracia, o desenvolvimento econômico, a justiça social e outros preceitos incrustados na Constituição, que diretamente se relacionam com a repressão ao abuso do poder econômico, devem estar na agenda da defesa da concorrência.

Diante disso, a pergunta que se coloca ao final deste capítulo soa até retórica: deve o direito da concorrência se preocupar com os efeitos políticos decorrentes da concentração de poder econômico? Para tal resposta, deve prevalecer o fundamento de validade do direito da concorrência brasileiro, que emana da Constituição e não da teoria econômica dominante, de modo que pouco deve importar se a Escola de Chicago e outras jurisdições rejeitam tais preocupações como objeto de tutela pelo direito da concorrência. A constitucionalização do direito da concorrência, como um todo, e do controle de estruturas, em particular, faz-se imperativa para respeitar e preservar os fundamentos do próprio Estado Democrático de Direito instituído pela Constituição Federal.

3.1 O controle de estruturas no direito concorrencial brasileiro: pressupostos gerais

O direito concorrencial brasileiro se institui, sob a égide da Constituição Federal de 1988, como um dos mecanismos de intervenção estatal para consecução dos princípios que fundamentam a ordem econômica constitucional, notadamente o princípio da livre concorrência e a repressão ao abuso do poder econômico. Assim, Paula Forgioni define o direito concorrencial como uma "técnica de que lança mão o Estado contemporâneo para implementação de políticas públicas, mediante a repressão ao abuso do poder econômico e a tutela da livre concorrência".[152]

A doutrina costuma indicar que a intervenção realizada por meio da disciplina jurídica da concorrência assume duas formas principais de controle: o controle de condutas e o controle de estruturas. Distinguem-se os dois controles, de modo geral, por se compreender que o controle estrutural não visa a coibir práticas abusivas ou desleais voltadas para a dominação de mercados, como o faz o controle de condutas ou comportamental, mas, sim, a garantir o cumprimento de objetivos que evitem que tais práticas venham a ocorrer.[153]

O controle estrutural assume, portanto, uma função eminentemente preventiva, por meio da qual a autoridade concorrencial atua diretamente sobre as formas econômicas e empresariais dos agentes de mercado, a fim de impedir a consolidação de estruturas que estimulem abusos de poder econômico.[154] Em termos concretos, o controle estrutural é exercido pela autoridade concorrencial sobre as operações econômicas realizadas entre agentes de mercado que conduzam, em geral, ao aumento de concentração econômica.

Com a promulgação da Lei nº 12.529, de 30 de novembro de 2011, que instituiu o Sistema Brasileiro de Defesa da Concorrência (SBDC), reforçou-se a efetividade preventiva do controle estrutural com a instauração do regime de análise prévia de estruturas, por meio do qual

---

[152] FORGIONI, Paula A. *Os fundamentos do antitruste*. 8. ed. São Paulo: Revista dos Tribunais, 2015, p. 84.

[153] SALOMÃO FILHO, Calixto. *Direito Concorrencial*. São Paulo: Malheiros, 2013, p. 134.

[154] FRAZÃO, Ana. *Direito da Concorrência*: pressupostos e perspectivas. São Paulo: Saraiva, 2017, p. 109: "É necessário igualmente que se impeça a formação de estruturas empresariais que restrinjam indevidamente a livre concorrência, seja porque propiciam o exercício abusivo da posição dominante adquirida ou reforçada em virtude da operação, seja porque facilitam a colusão".

determinados atos de concentração entre agentes econômicos devem ser previamente autorizados pela autoridade concorrencial para que possam ser consumados ou, ainda, remediados e reprovados.[155]

É válido mencionar que, conquanto possua caráter predominantemente preventivo, o controle de estruturas também pode ser exercido de modo repressivo pela autoridade da concorrência brasileira, por meio da aplicação de sanções em casos de condutas anticompetitivas.[156] Há, portanto, um diálogo importante entre os dois controles na repressão ao abuso de poder econômico,[157] sendo facultado à autoridade concorrencial a aplicação de medidas voltadas a remediar as estruturas que tenham sido decisivas para a implementação da conduta ilícita e cuja continuidade possa ser danosa à concorrência ou venha a gerar sua reincidência.[158]

---

[155] Inserem-se nesse regime, obrigatoriamente, as operações econômicas que se enquadrem nos critérios de faturamento definidos no artigo 88 da Lei 12.529/2011, conforme atualizados pela Portaria Interministerial nº 994, de 30 de maio de 2012, e que sejam qualificadas como atos de concentração, que são conceituados, em seu artigo 90, como: (i) a fusão de duas ou mais empresas anteriormente independentes; (ii) a aquisição, por uma ou mais empresas, direta ou indiretamente por compra ou permuta de ações, quotas, títulos ou valores mobiliários conversíveis em ações, ou ativos, tangíveis ou intangíveis, por via contratual ou por qualquer outro meio ou forma, o controle ou partes de uma ou outras empresas; (iii) a incorporação por uma ou mais empresas de outra ou outras empresas; e (iv) a celebração por duas ou mais empresas de contrato associativo, consórcio ou *joint venture*. Atos de concentração que não se enquadrem nos critérios de faturamento indicados pela Lei 12.529/2011 não se qualificam como atos de notificação obrigatória para a análise prévia, mas ainda assim podem ser analisados pela autoridade, nos termos do parágrafo 7º do artigo 88 da Lei: "§7º É facultado ao Cade, no prazo de 1 (um) ano a contar da respectiva data de consumação, requerer a submissão dos atos de concentração que não se enquadrem no disposto neste artigo".

[156] Lei 12.529/2011: "Art. 38. Sem prejuízo das penas cominadas no art. 37 desta Lei, quando assim exigir a gravidade dos fatos ou o interesse público geral, poderão ser impostas as seguintes penas, isolada ou cumulativamente: (...) V – a cisão de sociedade, transferência de controle societário, venda de ativos ou cessação parcial de atividade; (...) VII – qualquer outro ato ou providência necessários para a eliminação dos efeitos nocivos à ordem econômica".

[157] FRAZÃO, Ana. *Direito da Concorrência*: pressupostos e perspectivas. São Paulo: Saraiva, 2017, p. 109: "Não sendo o controle de condutas suficiente para assegurar a manutenção da ordem concorrencial, até em razão das conhecidas dificuldades para se identificar e punir condutas anticompetitivas, é inequívoca a importância do controle de estruturas (...).

[158] O caso paradigmático da aplicação deste dispositivo se deu no Processo Administrativo nº 08012.011142/2006-79 (julg. 28 maio 2014), conhecido pela alcunha de "Cartel do Cimento", no qual o Cade determinou a condenação dos representados e impôs, além de outras medidas sancionatórias, (i) a alienação de 20% dos ativos de prestação de serviços de concretagem, que havia sido afetado pela conduta ilícita, (ii) a venda de todas as participações, minoritárias ou não, em empresas atuantes nos mercados de cimento ou de prestação de serviços de concretagem; (iii) o descruzamento de quaisquer participações acionárias entre as empresas condenadas existentes nos mercados de cimento e de prestação de serviços de concretagem, de forma direta ou por participações minoritárias em outras empresas que não compõem o grupo econômico das condenadas.

Por intervir diretamente sobre a formação das estruturas empresariais, o controle de estruturas desponta como disciplina central para este estudo, na medida em que pode abordar e mitigar certos problemas decorrentes do contexto relacional e do capitalismo de laços na economia brasileira. Ao interferir sobre a acumulação artificial do poder de mercado,[159] o controle de estruturas é, por excelência, o instrumento capaz de conter a concentração de poder econômico em agentes privados e impor determinações que impeçam ou, ao menos, enfraqueçam o enlace com o poder político, que é justamente oportunizado com o aumento do poder econômico.[160]

O fundamento basilar sobre o qual se assenta o controle de estruturas consiste em uma presunção geral e genérica de que altos níveis de concentração econômica tendem a ser lesivos à concorrência,[161] na medida em que elevam a probabilidade do exercício abusivo do poder de mercado.[162] Não à toa, é sinônimo de controle estrutural o termo "controle de concentrações", uma vez que as estruturas que despertam preocupações competitivas são aquelas aglutinadoras de poder econômico,[163] não as "desconcentrações".

---

[159] Importa notar que o crescimento *orgânico* do poder econômico não se sujeita, *a priori*, ao controle de estruturas do direito da concorrência, de modo que eventual acúmulo de poder político gerado pelo crescimento orgânico do poder econômico deverá ser abordado e contido por outras políticas públicas e ramos do Direito – o que não significa que a atuação concorrencial não deva ocorrer sobre o crescimento artificial, combinando-se a outros instrumentos para que o controle jurídico do poder econômico seja efetivo.

[160] Cumpre esclarecer que, nesta pesquisa, o conceito de poder econômico é empregado como uma manifestação de poder mais ampla, que abrange, além do poder de mercado, outras formas de expressão. A doutrina especializada do direito da concorrência, todavia, normalmente se utiliza dos conceitos de poder econômico e poder de mercado, se não como sinônimos, ao menos com uma certa ambivalência entre os termos. Essa ambivalência não será analisada ou problematizada detidamente neste estudo, sendo bastante compreender que, por vezes, os conceitos serão aproximados, por decorrência do posicionamento doutrinário apresentado, mas não são tomados como sinônimos por esta autora.

[161] Nesse sentido, Burnier indica que o controle de estruturas atende à prevenção de efeitos anticompetitivos decorrentes de concentração excessiva. Em: BURNIER DA SILVEIRA, Paulo. *Direito da Concorrência*. Rio de Janeiro: Forense, 2021.

[162] FRAZÃO, Ana. *Direito da Concorrência*: pressupostos e perspectivas. São Paulo: Saraiva, 2017, p. 112: "Consequentemente, resgata-se a importância da análise da estrutura e do nível de concentração dos mercados na análise concorrencial, ainda que se saiba que não são os únicos dados a serem considerados. Como bem resume Hovenkamp, não há dúvida de que a concentração de mercado importa; a questão é saber o *quanto* importa. Apesar das controvérsias existentes a respeito desse quanto, é certo que situações de extrema concentração, como o monopólio ou o oligopólio, que eram muitas vezes excluídas do foco de preocupações da Escola de Chicago, principalmente quando não havia barreiras à entrada nos mercados, voltam a ser vistas como ensejadoras de riscos concorrenciais".

[163] FORGIONI, Paula A. *Os fundamentos do antitruste*. 8. ed. São Paulo: Revista dos Tribunais, 2015, p. 400: "O que é concentração econômica? A ideia central é simples e expressa o aumento

A presunção de que a alta concentração econômica induz ao exercício de poder de mercado se inspira, em larga medida, no modelo econômico denominado "Estrutura-Conduta-Desempenho", originalmente desenvolvido por economistas da Universidade de Harvard, que correlaciona as estruturas dos mercados à performance dos agentes econômicos e, por conseguinte, ao desempenho do setor.[164] O caráter preventivo do controle estrutural se justifica, em boa parte, a partir dessa correlação. Fala-se, então, já no contexto específico da análise concorrencial sobre concentrações, em uma *presunção estrutural*, que consiste na premissa de que "fusões além de certos limites de concentração e/ou compartilhamento são, com alta probabilidade, passíveis de ser anticompetitivas".[165]

Essa presunção está também enraizada nas origens do direito antitruste. O movimento que acarretou a elaboração e promulgação

---

de riquezas em poucas mãos, relacionando-se com o aumento de poder econômico de um ou mais agentes do mercado (...) Assim, no campo antitruste, o termo concentração vem empregado para identificar várias situações que demonstram essa aglutinação de poder ou de capacidade de alterar as condições de mercado".

[164] PEREIRA NETO, Caio Mário da Silva; CASAGRANDE, Paulo Leonardo. *Direito concorrencial*: doutrina, jurisprudência e legislação. Coleção Direito Econômico (coord. Fernando Herren Aguillar). São Paulo: Saraiva, 2016, p. 51.

[165] Nas palavras de John Kwoka: "O papel adequado para a estrutura de mercado na análise de fusões geralmente recai sobre o familiar debate sobre o que é chamado de 'presunção estrutural'. Esse termo é abreviação para a crença de que as fusões além de certos limites de concentração e/ou participação são, com alta probabilidade, passíveis de ser anticompetitivas e, portanto, a aplicação da lei pelos órgãos e tribunais pode contar com esses limiares para prever os resultados anticoncorrenciais de tais fusões. É claro, poucos duvidam que condições estruturais fazem alguma diferença nos preços e outros resultados do mercado, e poucos defensores chegariam ao ponto de tornar a presunção completamente irrefutável. Grande parte do debate se concentrou, portanto, na questão da precisão das características estruturais de um mercado em prever resultados competitivos e, portanto, o quanto de confiança deve ser depositada em dados de concentração e participação. Dito de outra forma, essa questão é um dentre os inúmeros erros cometidos ao confiar em concentração e ações, e mais especificamente, sobre os erros cometidos por diferentes limiares para esses dados". *In*: KWOKA, John E., The structural presumption and the safe harbor in merger review: False positives, or unwarranted concerns? *Antitrust Law Journal*, Vol. 81, N. 3 (2017), p. 837-872. Tradução livre de "The proper role for market structure in merger review usually devolves to the familiar debate over what is called the "structural presumption". This term is shorthand for the belief that mergers beyond certain concentration and/or share thresholds are, with high probability, likely to be anticompetitive, and hence enforcement by the agencies and courts can rely on those thresholds for predicting anticompetitive outcomes from such mergers. Of course, few doubt that structural conditions make some difference to pricing and other market outcomes, and few advocates would go so far as to make the presumption completely irrefutable. Much of the debate has therefore centered on the question of how accurately structural characteristics of a market predict competitive outcomes, and hence how much reliance should be placed on concentration and share data. Put differently, this issue is one of the magnitude of errors made by relying on concentration and shares, and more specifically, on the errors made by different thresholds for those data".

do *Sherman Act* em 1890, nos Estados Unidos, se amparava na desconfiança, no descontentamento e na resistência da sociedade em relação aos grandes grupos empresariais, denominados *trustes*, que dominavam a indústria do país à época.[166] O antitruste se relacionava, portanto, diretamente com uma preocupação antimonopolista.[167] Na origem do antitruste estadunidense, havia uma forte apreensão de que a formação de trustes pudesse impactar o contexto econômico e político do país, sendo necessário intervir sobre a formação de estruturas que conduzissem ao excessivo poder econômico privado.

O controle estrutural no direito concorrencial brasileiro também se ergue a partir dessa mesma presunção geral sobre os efeitos nocivos de estruturas excessivamente concentradas. Como explica Calixto Salomão Filho, as estruturas econômicas são centros do poder econômico e, como tais, são dados relevantes para o funcionamento da economia, permitindo que se presuma o comportamento provável dos agentes econômicos no mercado.[168] Em cenários concentrados, a presunção é de que se enfraquece o grau de competição conforme se eleva o poder econômico atribuído a uma empresa, com a consequente atenuação do estímulo de baixar preços, de inovar e de incrementar a qualidade dos produtos e serviços.[169]

O controle estrutural se preocupa, portanto, com o aumento de concentração econômica, na medida em que as concentrações elevam o poder de mercado e, em níveis extremos, podem gerar a formação de monopólios ou de comportamentos quase-monopolistas pelos agentes dotados de poder econômico. Assim, compreende-se que a detenção e o aumento de poder de mercado são tidos como problemáticos, no contexto competitivo, por conferir ao agente econômico a possibilidade

---

[166] WU, Tim. *The curse of bigness*: Antitrust in the New Gilded Age. New York: Columbia Global Reports, 2018, p. 19-22.

[167] DUDDEN, Arthur. *Antimonopolism, 1865-1890*: the historical background and intellectual origins of the antitrust movement in the United States. 612 f. Tese (Doutorado em Filosofia) – Universidade de Michigan, Michigan, 1950.

[168] SALOMÃO FILHO, Calixto. *Direito Concorrencial*. São Paulo: Malheiros, 2013, p. 47.

[169] FORGIONI, Paula A. *Os fundamentos do antitruste*. 8. ed. São Paulo: Revista dos Tribunais, 2015, p. 398-399: "Observando a realidade conclui-se que, muitas vezes, a concentração tende a diminuir o grau de competição no mercado, por atribuir poder econômico à empresa. Com isso, reduz-se o estímulo ao corte de preços, à inovação, ao incremento de qualidade etc. Não é por outro motivo que parte da doutrina se refere à concentração como um 'efeito autodestrutível do mercado', apto a levar o sistema econômico às crises. Outros apontam a concentração como 'falha de mercado', pois é capaz de prejudicar o bom fluxo de relações econômicas, presidido pela concorrência".

de alterar, unilateralmente, as condições de mercado.[170] Essa conceituação, inclusive, é adotada pela Lei 12.529/2011 como critério definidor da posição dominante de agentes de mercado.[171]

Por "alterar condições de mercado", a doutrina tende a identificar, principalmente, a faculdade de aumentar preços. Com isso, entende-se que o aumento do poder de mercado seria danoso à concorrência ao permitir que o agente dominante manipule as condições do mercado e gere um desequilíbrio no ambiente competitivo, afetando o bem-estar do consumidor, que teria que pagar preços mais altos por produtos de menor qualidade, sem haver alternativas no mercado às quais possa recorrer.

O controle estrutural se ampara, portanto, no propósito de impedir a acumulação de poder de mercado em razão dos incentivos e efeitos que essa acumulação produz. Indicam-se, então, algumas premissas gerais que justificam o controle das estruturas: (i) concentrações implicam a redução ou eliminação de rivalidade existente ou potencial no mercado;[172] (ii) a redução ou eliminação de rivalidade induz a cenários de colusão expressa ou tácita ou de condutas unilaterais, como aumento de preços, diminuição de inovação, entre outros; (iii) evidências empíricas demonstram que fusões têm baixas taxas de sucesso, sendo a maior parte dos lucros capturada pelo vendedor e não pelo comprador; e (iv) a literatura estrangeira sugere que aquisições pequenas e focadas são mais suscetíveis a melhorar a produtividade do que fusões entre incumbentes.[173]

Para a mensuração do poder de mercado e sua potencial lesividade, a prática concorrencial brasileira costuma realizar uma aproximação entre o poder de mercado e a parcela de mercado (*market share*)

---

[170] Observa-se que a preocupação com a alteração *unilateral* das condições de mercado reverbera a premissa neoclássica do modelo de competição perfeita, no qual, por serem todos agentes de mercado iguais, nenhum teria o poder de individualmente afetar as relações econômicas, que seriam unicamente regidas pela concorrência e pelo mecanismo de preços.

[171] Lei 12.529/2011, art. 36, §2º: "Presume-se posição dominante sempre que uma empresa ou grupo de empresas for capaz de alterar unilateral ou coordenadamente as condições de mercado ou quando controlar 20% (vinte por cento) ou mais do mercado relevante, podendo este percentual ser alterado pelo Cade para setores específicos da economia".

[172] FRAZÃO, Ana. *Direito da Concorrência*: pressupostos e perspectivas. São Paulo: Saraiva, 2017, p. 118.

[173] CORDOVIL, Leonor; CARVALHO, Vinicius Marques de; BAGNOLI, Vicente; ANDERS, Eduardo Caminati. *Nova Lei de Defesa da Concorrência comentada*: Lei 12.529, de 30 de novembro de 2011. São Paulo: Editora Revista dos Tribunais, 2011, p. 39-40.

detida pelos agentes envolvidos na operação econômica.[174],[175] Como nota Forgioni, embora a parcela de mercado possa não refletir verdadeiramente o poder de mercado, ela constituiria "importante indicativo, pois, muitas vezes, o percentual de mercado detido pelo agente é proporcional ao seu poder econômico".[176],[177]

A análise sobre as concentrações e o poder de mercado se complexifica quando se consideram os efeitos positivos decorrentes das concentrações. A doutrina indica, por exemplo, que concentrações podem viabilizar economias de escala e o melhor aproveitamento dos recursos disponíveis, como ocorre em sistemas de distribuição.[178] Frente aos efeitos positivos das concentrações, a análise concorrencial deve ponderar sobre qual seria o "saldo" da concentração, observando se os efeitos negativos se sobressaem aos positivos ou vice-versa.

Em vista disso, a legislação brasileira autoriza que mesmo os atos de concentração que sejam lesivos à concorrência poderão ser aprovados, desde que atendam aos seguintes critérios: aumentem a produtividade ou competitividade, ou melhorem a qualidade de bens ou serviços, ou propiciem a eficiência e o desenvolvimento tecnológico ou econômico, e, cumulativamente, repassem aos consumidores parte relevante dos benefícios decorrentes da concentração. A análise se orienta, então, pela proporcionalidade e por um princípio "retributivo", como conceitua Salomão Filho.[179]

Na prática, eleva-se a eficiência econômica como um contraponto à concentração de poder de mercado. Por se adotar, como premissa, que o acúmulo de poder de mercado leva à produção de eficiências econômicas, que seriam benéficas aos consumidores, consequentemente

---

[174] BRASIL. Ministério da Justiça. Conselho Administrativo de Defesa Econômica. *Guia de Análise de Atos de Concentração Horizontal*, 2016, p. 22-25.

[175] As remissões feitas nesta seção aos guias do Cade servem para demonstrar como essas premissas foram incorporadas e têm sido aplicadas pela autoridade no controle de estruturas, ainda que na condição de *soft law* e recomendações não vinculantes.

[176] FORGIONI, Paula A. *Os fundamentos do antitruste*. 8. ed. São Paulo: Revista dos Tribunais, 2015, p. 419.

[177] Para a verificação dos níveis de concentração, emprega-se, normalmente, o cálculo do Índice Herfindhal-Hirschman ("HHI"), disposto no *Guia de Análise de Atos de Concentração Horizontal*, ou do índice "CRn". Para uma exposição mais detalhada sobre como operam e se calculam os índices de concentração, ver: BORGES, Rodrigo Fialho. *Descontrole de estruturas*: dos objetivos do antitruste às desigualdades econômicas. 2020. 369 p. Tese (Doutorado em Direito Comercial) – Faculdade de Direito, Universidade de São Paulo, 2020, p. 24-27.

[178] FORGIONI, Paula A. *Os fundamentos do antitruste*. 8. ed. São Paulo: Revista dos Tribunais, 2015, p. 406.

[179] SALOMÃO FILHO, Calixto. *Direito Concorrencial*. São Paulo: Malheiros, 2013, p. 241.

REFERENCIAIS CONSTITUCIONAIS PARA O CONTROLE DE ESTRUTURAS: LIMITAÇÃO À CONCENTRAÇÃO DE PODER...

se confere às eficiências a capacidade de autorizar o acúmulo de poder econômico, ainda que ele seja potencialmente lesivo à concorrência e desde que as eficiências produzidas pela concentração econômica superem tal potencialidade lesiva.

Embora seus estudos tratem especificamente da economia estadunidense, os achados de pesquisa de Thomas Philippon esclarecem sobre como essa associação entre poder de mercado e produção de eficiências é falaciosa e perigosa para a política antitruste, já que, em verdade, o que se verifica é uma verdadeira relação de *trade-off* entre os dois elementos: o aumento de poder de mercado gerado por fusões e aquisições tem resultado em perdas ao bem-estar do consumidor e não o contrário.[180] Em diálogo com essa percepção, Fox expõe a existência de um "paradoxo da eficiência", por meio do qual, em nome da eficiência, uma abordagem conservadora do antitruste estadunidense tem levado à proteção de condutas ineficientes por agentes dominantes e incumbentes, estimulando, em verdade, a produção de ineficiência econômica.[181]

No direito concorrencial brasileiro, a eleição da eficiência econômica como contraponto à concentração de poder de mercado e sua consagração como objetivo principal da defesa da concorrência decorrem da influência da Escola de Chicago. Essa influência não é desprezível e diversos trabalhos abordam como a teoria da Escola de Chicago tem afetado as premissas, os objetivos e os limites da política do direito concorrencial desenvolvido no Brasil.

Em vista disso, a subseção seguinte cuida de brevemente apresentar as premissas centrais do pensamento difundido pela Escola de Chicago para o antitruste e como sua influência contribuiu para o fenômeno de desconstitucionalização do direito concorrencial brasileiro, observado primeiramente por Luís Fernando Schuartz e posteriormente reconhecido e problematizado por outros especialistas do direito da concorrência.

Essa sucinta incursão é relevante e pertinente para a presente obra, já que sua principal hipótese se assenta sobre a suposição de que o Cade tem adotado um referencial interpretativo embasado na

---

[180] PHILIPPON, Thomas. *The great reversal*. How America gave up on free markets. Cambridge: The Belknap Press of Harvard University, 2019.

[181] FOX, Eleanor. The efficiency paradox. *In*: PITOFSKY, Robert (ed.). *How the Chicago School overshot the market*: the effect of conservative economic analysis on U.S. antitrust. Oxford: Oxford University Press, 2008, p. 77-88.

Escola de Chicago que se dissocia da realidade econômica brasileira e do referencial normativo instituído pela ordem econômica constitucional, o que, por conseguinte, tem conduzido a uma análise superficial e limitada dos efeitos da concentração de poder econômico que fragiliza a efetividade do controle jurídico do poder econômico. É conveniente, portanto, traçar as linhas gerais que organizam a teoria antitruste de Chicago e perceber como elas contribuem para a suposição indicada.

3.1.1 A influência da Escola de Chicago e a desconstitucionalização do direito da concorrência

A Escola de Chicago tem sido caracterizada como uma escola de pensamento econômico que adotou e associou partes do instrumental da economia neoclássica à ideologia neoliberal tomada como seu posicionamento filosófico.[182] Bruno Braz de Castro mapeia a construção da contribuição da Escola de Chicago para o direito concorrencial e observa que ela se fez alinhada com o projeto neoliberal da sociedade de Mont Pèlerin, sendo uma das suas principais metas a ressignificação positiva do valor social de monopólios e grandes empresas.[183]

Essa ressignificação positiva se faz a partir da correlação entre grandes estruturas empresariais e ganhos de eficiência, com a propagação da ideia de que empresas de grande porte são aquelas que podem realizar maiores investimentos, gerar economias de escala e de escopo e impulsionar inovações tecnológicas. Justifica-se, então, na perspectiva de Chicago, a existência de monopólios em razão da produção de eficiências que eles podem gerar, entendendo-se que estruturas de mercado monopolistas ou oligopolistas são superiores a organizações dispersivas de poder.[184] Com isso, coloca-se em curso uma "marcha

---

[182] CASTRO, Bruno Braz de. *Eficiência e rivalidade*: alternativas para o direito da concorrência nos países em desenvolvimento. 2017. 252 p. Tese (Doutorado em Direito) – Faculdade de Direito, Universidade Federal de Minas Gerais, Belo Horizonte, 2017, p. 44. Adverte-se, portanto, que não há relação de sinonímia ou coincidência entre teoria econômica neoclássica e Escola de Chicago. As vertentes não se confundem, mas dialogam a partir da adoção que a Escola de Chicago – bem como diversas outras vertentes econômicas também o fazem – fez de seus pressupostos e instrumentais teóricos.

[183] CASTRO, Bruno Braz de. *Eficiência e rivalidade*: alternativas para o direito da concorrência nos países em desenvolvimento. 2017. 252 p. Tese (Doutorado em Direito) – Faculdade de Direito, Universidade Federal de Minas Gerais, Belo Horizonte, 2017, p. 45. Explica-se, ainda, que a Sociedade de Mont Pèlerin foi uma organização fundada em 1947, por iniciativa de Friedrich von Hayek, com o expresso objetivo de promover valores liberais.

[184] MIOLA, Iagê. Competition law and neoliberalism: the regulation of economic concentration in Brazil. *Revista Direito e Práxis*, vol. 7, n. 4, 2016, p. 643-689, p. 656.

CAPÍTULO 3
REFERENCIAIS CONSTITUCIONAIS PARA O CONTROLE DE ESTRUTURAS: LIMITAÇÃO À CONCENTRAÇÃO DE PODER... 105

de aceitação do poder econômico", segundo observam e denominam Fábio Konder Comparato e Salomão Filho.[185]

Para os economistas da Escola de Chicago, portanto, mesmo corporações gigantescas deveriam ser percebidas como entidades benignas que naturalmente ensejariam o surgimento de condições de mercado que as mitigariam, de modo que eventuais resultados anticompetitivos dessas estruturas seriam efêmeros e os próprios mecanismos de mercado, ao funcionar livremente, conduziriam ao reequilíbrio.[186] Não haveria uma relação direta ou necessária entre concentração de poder de mercado e abusos em seu exercício, já que mercados monopolizados ainda assim poderiam ser competitivos, desde que fomentadas a rivalidade e a entrada.[187]

Essa crença na capacidade de autocorreção e tendência ao equilíbrio dos mercados, já enunciada e refutada nesta pesquisa, a partir da visão sociológica, encontra-se no cerne do pensamento econômico neoliberal, que advoga pela superioridade do sistema mercadológico e pela necessidade de que o Estado nele não intervenha, uma vez estabelecidas suas instituições, para não lhe causar interferências indevidas e distorções.[188]

Relacionada à crença fundamentalista acerca do funcionamento dos mercados, também se erige, como pressuposto da Escola de Chicago, a prevalência da análise econômica como a metodologia mais segura, acertada e precisa para compreender o comportamento dos agentes econômicos e, assim, para delimitar o escopo de intervenção e os contornos da política antitruste. Para conferir objetividade e segurança na aplicação do direito antitruste, foi necessário, portanto, abandonar quaisquer finalidades e valores políticos, sociais e econômicos e eleger a eficiência econômica como objetivo único do direito antitruste,

---

[185] COMPARATO, Fabio Konder; SALOMÃO FILHO, Calixto. *O poder de controle na sociedade anônima*. 6. ed. Rio de Janeiro: Editora Forense, 2014, p. 37-43.

[186] VAN HORN, Rob. Reinventing monopoly and the role of corporations: the roots of Chicago law and economics. *In*: MIROWSKI, Philip; PLEHWE, Dieter (org.). *The road from Mont Pelerin*. Cambridge: Harvard University Press, 2009, p. 229.

[187] FRAZÃO, Ana. A necessária constitucionalização do direito da concorrência. *In*: MERLIN CLÈVE, Clèmerson; FREIRE, Alexandre (coord.). *Direitos Fundamentais e Jurisdição Constitucional*. São Paulo: Editora Revista dos Tribunais, 2014, p. 139-158, p. 147.

[188] HARVEY, David. *A brief history of neoliberalism*. New York, NY: Oxford University Press, 2007.

no intuito de superar a subjetividade e a imprecisão que valores "não econômicos" implicariam na análise concorrencial.[189]

Como observa Castro, essa escolha seria fundada na presunção de que a eficiência econômica seria um critério técnico, politicamente neutro e passível de se enquadrar em uma análise econômica, o que conduziria a uma aplicação tecnocrática da lei, reduzindo a arbitrariedade que envolveria a análise e aplicação jurídica do direito concorrencial.[190] Esse discurso, para Forgioni, estaria calcado em uma visão tecnicista, a partir da qual se acredita que a análise econômica e a eficiência econômica seriam elementos capazes de conferir neutralidade e racionalidade às decisões no direito antitruste, excluindo ideologias e opções políticas.[191]

A partir de tais premissas gerais, tem-se indicado que a dominância da teoria da Escola de Chicago sobre a política antitruste tem gerado impactos sérios sobre a abrangência, a efetividade e o controle estrutural nos Estados Unidos.[192] Ao estimular o abandono de finalidades políticas, sociais e econômicas que haviam marcado a história do movimento antitruste e da promulgação do *Sherman Act*, a Escola de Chicago findou por estreitar gravemente o escopo do direito antitruste e afastá-lo da economia política, por minimizar a atuação do direito antitruste e restringi-la aos casos de "ineficiência", e por difundir a presunção de que os mercados se autorregulam e não seriam problemáticas a conquista e a manutenção de poder de mercado.[193]

---

[189] DAVIES, William. Economics and the "nonsense" of law: the case of the Chicago antitrust revolution. *Economy and Society*, v. 39, n. 1, p. 64-83, 2010, p. 65: "American antitrust policy had been used to pursue various political and moral goals, from defence of small businesses, to ensuring public accountability of cartels and monopolies, to redistributing wealth, to attacking organized crime. These were all abandoned in less than a decade, as the Chicago definition of efficiency was recognized as the only coherent objective. The outcome of this transformation is a virtually unchallenged authority for neo-classical economic logic in the decision-making procedures of US antitrust authorities and the courts".

[190] CASTRO, Bruno Braz de. *Eficiência e rivalidade*: alternativas para o direito da concorrência nos países em desenvolvimento. 2017. 252 p. Tese (Doutorado em Direito) – Faculdade de Direito, Universidade Federal de Minas Gerais, Belo Horizonte, 2017, p. 43.

[191] FORGIONI, Paula A. *Os fundamentos do antitruste*. 8. ed. São Paulo: Revista dos Tribunais, 2015, p. 172.

[192] A coletânea *How the Chicago School overshot the market,* editada por Robert Pitosfky, é contundente em demonstrar como, sob diversos aspectos, a abordagem anti-intervencionista de Chicago reduziu fortemente a abrangência e efetividade do direito antitruste estadunidense. Ver: PITOFSKY, Robert (ed.). *How the Chicago School overshot the market*: the effect of conservative economic analysis on U.S. antitrust. Oxford: Oxford University Press, 2008.

[193] FOX, Eleanor. Post-Chicago, post-Seattle and the dilemma of globalization. *In:* CUCINOTTA, Antonio; PARDOLESI, Roberto; BERGH, Roger van dan. *Post-Chicago developments in*

CAPÍTULO 3
REFERENCIAIS CONSTITUCIONAIS PARA O CONTROLE DE ESTRUTURAS: LIMITAÇÃO À CONCENTRAÇÃO DE PODER...

Disso emerge, para Lina Khan, um "problema de poder de mercado" nos Estados Unidos do qual decorre um declínio grave e consistente de concorrência em diversos mercados que se tornam, cada vez mais, excessivamente concentrados em poucos agentes econômicos.[194] Similarmente, Tim Wu constata que o predomínio da ideologia da Escola de Chicago tem reduzido as preocupações concorrenciais e as finalidades do antitruste unicamente ao padrão de bem-estar do consumidor e ao incremento de eficiência econômica, obliterando o vigoroso viés antimonopolista que originou o direito antitruste. Por conseguinte, tem-se verificado uma nova era de concentração, monopolização e trustes digitais.[195]

Essa percepção não é exclusiva desses autores e tem sido partilhada por um número crescente de estudiosos da concorrência. Joseph Stiglitz nota que se encontra em curso nos Estados Unidos um movimento concentracionista que tem conduzido ao incremento substancial de poder de mercado.[196] Jonathan Baker argumenta que o relaxamento da aplicação no direito da concorrência conduz ao exercício substancial e duradouro do exercício de poder de mercado.[197] John Kwoka argumenta que, ainda que vários fatores possam ter contribuído para este cenário, a permissividade da política antitruste estadunidense certamente foi a maior causa para o aumento de concentração econômica e a perda de competitividade.[198]

Na tentativa de mapear o percurso que culminou no chamado "problema de poder de mercado", Rodrigo Fialho Borges empreendeu uma análise minuciosa sobre os fatores que levaram ao relaxamento da política antitruste nos Estados Unidos. O pesquisador identificou quatro fatores principais que levaram a uma mudança radical de

---

[194] *antitrust law*. Cornwall: Edward Elgar, 2002; STUCKE, Maurice. Reconsidering antitrust's goals. *Boston College Law Review*, vol. 53, n. 2, 2012, p. 551-629.

[194] KHAN, Lina M. The ideological roots of America's market power problem. *The Yale Law Journal Forum*, vol. 127, 2018, p. 960-979.

[195] WU, Tim. *The curse of bigness*: Antitrust in the New Gilded Age. New York: Columbia Global Reports, 2018.

[196] STIGLITZ, Joseph E. *People, power and profits*: Progressive capitalism for an age of discontent. Great Britain: Allen Lane, 2019, p. 55: "There has been increasing market concentration – a full 75 percent of industries witnessed increased concentration between 1997 and 2012 – and with this increasing marked concentration comes increasing market power".

[197] BAKER, Jonathan B. *The antitrust paradigm*: Restoring a competitive economy. Cambridge: Harvard University Press, 2019, p. 13.

[198] KWOKA, John. *Controlling mergers and market power*: a program for reviving antitrust in America. Boston: Competition Policy International, 2020.

entendimento sobre quais seriam os objetivos perseguidos pelo direito da concorrência, colocando de lado preocupações que não se relacionassem estritamente com a eficiência econômica, quais sejam: "(i) o caso *Columbia Steel*, julgado em 1948; (ii) o caso *Brown Shoe*, julgado em 1962; (iii) o famoso livro de Robert Bork de 1978, denominado *"The Antitrust Paradox"*; e (i) a eleição de Ronald Reagan como presidente dos Estados Unidos, em 1981".[199]

Como observa Fialho, a obra de Bork e a eleição de Reagan tiveram influência determinante sobre os rumos do antitruste, levando ao aparelhamento da administração por expoentes e afiliados da Escola de Chicago e, consequentemente, à adoção de uma política antitruste "totalmente flexível, pouco interventiva, preocupada exclusivamente com a maximização de bem-estar do consumidor por meio da geração de eficiências econômicas".[200] Associa-se diretamente, portanto, a difusão dos pressupostos da Escola de Chicago com a hipotrofia do antitruste estadunidense.

Segundo já indicado, a influência da Escola de Chicago também alcança o direito concorrencial brasileiro. Como observa Castro, o estímulo à convergência internacional de elementos substantivos da análise concorrencial tem conduzido à uniformização – sob um discurso de pretensa universalização – das finalidades do direito da concorrência a partir da posição hegemônica dos Estados Unidos.[201] A convergência posicionaria a análise econômica do direito concorrencial, como desenvolvida pela Escola de Chicago, como padrão analítico para todas as jurisdições e tomaria o conceito de bem-estar do consumidor como a base comum para o antitruste global.[202]

---

[199] BORGES, Rodrigo Fialho. *Descontrole de estruturas*: dos objetivos do antitruste às desigualdades econômicas. 2020. 369 p. Tese (Doutorado em Direito Comercial) – Faculdade de Direito, Universidade de São Paulo, 2020, p. 36-71.

[200] BORGES, Rodrigo Fialho. *Descontrole de estruturas*: dos objetivos do antitruste às desigualdades econômicas. 2020. 369 p. Tese (Doutorado em Direito Comercial) – Faculdade de Direito, Universidade de São Paulo, 2020, p. 70.

[201] CASTRO, Bruno Braz de. *Eficiência e rivalidade*: alternativas para o direito da concorrência nos países em desenvolvimento. 2017. 252 p. Tese (Doutorado em Direito) – Faculdade de Direito, Universidade Federal de Minas Gerais, Belo Horizonte, 2017, p. 41: "No nível da interpretação da lei, contudo, o que se observa é que a teoria antitruste estadunidense – especificamente, a análise econômica do direito antitruste nos moldes da Escola de Chicago – vem ganhando terreno e assumindo uma posição hegemônica entre teóricos e aplicadores do direito concorrencial ao redor do mundo (PEÑA, 2006, p. 738)".

[202] DREXL, Joseph. Consumer welfare and consumer harm: adjusting competition law and policies to the needs of developing jurisdictions. *In*: GAL, Michal S. *et al.* (org.). *The economic*

Diz-se que esse movimento de convergência seria, portanto, uma "microeconomização" do direito concorrencial:

> Trata-se, aqui, de promover o foco exclusivo da análise de condutas econômicas nos termos do modelo neoclássico do bem-estar econômico, com exclusão de quaisquer outras considerações econômicas e sociais, como questões macroeconômicas, de política industrial, de eficiência dinâmica, questões distributivas, ambientais ou outras preocupações com a acumulação de poder econômico privado. Muitas dessas considerações, inclusive, são denominadas "não-econômicas", por não serem baseadas no conceito de eficiência, ou criticadas por se tratarem de mecanismos de proteção dos concorrentes, não da concorrência.[203]

Iagê Miola também demonstrou como o direito concorrencial brasileiro tem sido marcado pela infiltração da concepção liberal sobre concentrações de mercado, basilar da Escola de Chicago, que as toma como realidades econômicas desejáveis ou mesmo inevitáveis em economias complexas. Essa infiltração gerou uma percepção tolerante em relação ao acúmulo de poder econômico e uma atuação complacente no controle de estruturas. Para Miola, no período de 1994 a 2010, o poder econômico no direito concorrencial brasileiro foi regulado de modo a ser compatível com a compreensão neoliberal de como a concorrência deveria ocorrer, isto é, quais estruturas empresariais devem ser promovidas e autorizadas e como deve funcionar a economia.[204]

Essa influência é um dos elementos capazes de explicar como se tem adotado no Brasil uma referência excessivamente estreita de poder de mercado e dos seus efeitos, a despeito do quadro constitucional que institui a ordem econômica no país e orienta a aplicação do direito concorrencial. Isto é, o direito concorrencial brasileiro tem se orientado por pressupostos que se ancoram em uma teoria econômica que está descolada do texto constitucional e sua ideologia.

Esse descolamento do direito concorrencial brasileiro em relação à Constituição Federal foi observado por Schuartz como um "peculiar

---

characteristics of developing jurisdictions: their implications for competition law. Cheltenham, UK: Edward Elgar, 2015, p. 265-295.

[203] CASTRO, Bruno Braz de. *Eficiência e rivalidade*: alternativas para o direito da concorrência nos países em desenvolvimento. 2017. 252 p. Tese (Doutorado em Direito) – Faculdade de Direito, Universidade Federal de Minas Gerais, Belo Horizonte, 2017.

[204] MIOLA, Iagê. Competition law and neoliberalism: the regulation of economic concentration in Brazil. *Revista Direito e Práxis*, vol. 7, n. 4, 2016, p. 643-689, p. 680.

e notável fenômeno de impermeabilização e 'desconstitucionalização metodológica' do direito de defesa da concorrência". Por consequência desse fenômeno, as decisões das autoridades de defesa da concorrência estariam impermeáveis a argumentos substantivos de natureza constitucional, dispensando quaisquer referências aos princípios constitucionais.[205]

No objetivo de explicar a ocorrência do fenômeno, Schuartz destaca duas condições complementares principais. A primeira delas possui natureza institucional e diz respeito ao desenvolvimento do direito da concorrência no Brasil como uma política pública que – em razão do desinteresse político, isolamento organizacional e falta de efetividade que marcaram seu surgimento e implementação no país – se fez por meio de controle menos intrusivo e estruturante. Assim, com a permanência da lei e do aparato administrativo para a implementação da política, antes contida e isolada, possibilitou-se o espaço para propor teorizações que precedessem e antecipassem a prática de aplicação do direito concorrencial. Então, diferentemente de outros ramos nos quais a teorização se molda e ajusta conforme avança a prática, as ferramentas conceituais e analíticas para a aplicação do direito concorrencial já se encontravam relativamente difundidas e compartilhadas entre seus principais representantes.[206]

Schuartz indica que, para que tal difusão e compartilhamento ocorressem, foi necessária a segunda condição, de natureza cultural – portanto distinta, mas complementar à primeira –, voltada para garantir a qualidade da aplicação do direito concorrencial brasileiro, o que implicou a importação de discussões acadêmicas e jurisprudenciais desenvolvidas nos Estados Unidos. Com isso, na ausência de padrões decisórios próprios que contrariassem tais discussões em face à realidade brasileira, preencheu-se o vazio teórico com um referencial normativo tido como indisputado e completo, ainda que, no debate estadunidense, ele estivesse longe de ser consenso. Implantou-se, então, como norma, no direito da concorrência brasileiro, a premissa da Escola de Chicago de que a interpretação da legislação concorrencial deveria ser realizada com base na maximização de alguma medida de bem-estar econômico.[207]

---

[205] SCHUARTZ, Luis Fernando. A desconstitucionalização do direito de defesa da concorrência. *Revista do IBRAC*, São Paulo, v. 16, n. 1, 2009, p. 325-351, p. 326.

[206] *Ibidem*, p. 333-334.

[207] *Ibidem*, p. 334.

A influência das análises econômicas também foi elemento facilitador dessa importação teórica, uma vez que contribuiu para descredibilizar e desconsiderar a racionalidade e normatividade jurídicas na aplicação do direito concorrencial. Daí que Schuartz afirma que o *antitrust economics* se legitimou quase que como *fonte* do direito da concorrência brasileira, figurando como "fator de produção, modificação e seleção de premissas *normativas*" para análise e decisão dos casos concretos.[208]

Como bem apreendido por Castro, a supremacia do método econômico emplacada pela Escola de Chicago causa uma inversão entre os papeis da Economia e do Direito, de modo que "a operacionalidade do modelo econômico vigente é o principal determinante daquilo que é juridicamente relevante". Daí que os valores jurídicos que não se afigurem como variáveis no modelo econômico são taxados de impraticáveis, ineficazes e inseguros.[209]

A desconstitucionalização do direito concorrencial brasileiro seria, portanto, um subproduto da "revolução antitruste", arquitetada pela adoção generalizada dos pressupostos da Escola de Chicago e que levou ao uso intensivo da economia antitruste na solução de problemas jurídicos. Culminou-se em uma verdadeira colonização da disciplina jurídica pela econômica, sob pretexto de reduzir complexidades e inseguranças que seriam, supostamente, inerentes ao raciocínio e aplicação jurídicos. A teoria e aplicação do direito concorrencial brasileiro, portanto, sob tais influências, desenvolveram-se *à margem* ou com *indiferença* à Constituição, como enuncia Schuartz.[210]

O desenvolvimento indiferente e à margem da Constituição contribuiu para a formação de uma concepção limitada sobre o poder econômico e, consequentemente, influenciou uma percepção conivente com seu acúmulo e uma postura transigente com seu controle. A desconstitucionalização do direito da concorrência, estimulada pelo predomínio da teoria econômica de Chicago, é um elemento capaz de explicar como, similarmente ao processo ocorrido no antitruste estadunidense,

---

[208] SCHUARTZ, Luis Fernando. A desconstitucionalização do direito de defesa da concorrência. *Revista do IBRAC*, São Paulo, v. 16, n .1, 2009, p. 325-351, p. 335.

[209] CASTRO, Bruno Braz de. *Eficiência e rivalidade*: alternativas para o direito da concorrência nos países em desenvolvimento. 2017. 252 p. Tese (Doutorado em Direito) – Faculdade de Direito, Universidade Federal de Minas Gerais, Belo Horizonte, 2017, p. 116.

[210] SCHUARTZ, Luis Fernando. A desconstitucionalização do direito de defesa da concorrência. *Revista do IBRAC*, São Paulo, v. 16, n. 1, 2009, p. 325-351, p. 338-339.

o estreitamento das preocupações concorrenciais e a exclusão de valores sociais e políticos conduzem à flexibilização do controle estrutural.

3.1.2 Da desconstitucionalização do direito da concorrência ao descontrole de estruturas

A despeito das referências constitucionais expressas à repressão ao abuso do poder econômico, bem como à justiça social, à dignidade humana, à valorização do trabalho, à defesa do meio ambiente e à redução de desigualdades regionais e sociais que, entre outros, organizam a ordem econômica no Brasil, a deferência e o acatamento das premissas de Chicago, pelo direito concorrencial brasileiro, encurtaram o alcance da defesa da concorrência e atrofiaram sua relevância como instrumento de controle jurídico do poder econômico, ao retirar de sua análise um conjunto de valores jurídicos e princípios que ampliam os objetivos que podem ser alcançados por meio do estímulo ao processo competitivo.

Com a desconstitucionalização do direito da concorrência e a desconsideração desses princípios, consegue-se inferir como o direito concorrencial brasileiro tem se limitado a abordar uma concepção estreita de poder de mercado, com a restrição da análise a parâmetros econômicos difundidos pela teoria econômica dominante, que tendem a identificar o poder de mercado com a faculdade de aumentar preços e a se preocupar, praticamente, apenas com esse aspecto. Por não terem a capacidade ou o objetivo de apreender os princípios jurídicos que conformam a ordem econômica constitucional, as análises econômicas não ponderam sobre os valores sociais e políticos que densificam as noções de repressão ao abuso de poder econômico, de livre concorrência e livre iniciativa. Isso pode explicar, ao menos em certa medida, como outras nuances do poder econômico têm escapado à autoridade concorrencial.

É certo que o Cade, na análise de controle estrutural, tem considerado outros impactos e manifestações, além do aumento de preços, como indicativos da existência ou do exercício de poder de mercado, por vezes levando em conta e ponderando sobre elementos como a redução da qualidade e da inovação, o aumento do poder de compra e do poder de portfólio, entre outros.[211] Não obstante, todos esses elementos guardam uma relação ainda muito próxima com as preocupações

---

[211] Ver: BRASIL. Ministério da Justiça. Conselho Administrativo de Defesa Econômica. *Guia de Análise de Atos de Concentração Horizontal*, 2016.

REFERENCIAIS CONSTITUCIONAIS PARA O CONTROLE DE ESTRUTURAS: LIMITAÇÃO À CONCENTRAÇÃO DE PODER...

relativas ao padrão de bem-estar do consumidor e à maximização de eficiências econômicas e, em sua aplicação concreta, permanecem à margem de argumentos e fundamentos constitucionais.

O Cade parece permanecer, portanto, impermeável às discussões que evidenciam e problematizam os desdobramentos do poder econômico sobre aspectos não relacionados a eficiências, como os impactos sobre as relações trabalhistas, sobre a distribuição de renda e a desigualdade econômica, sobre o sistema político e a democracia, sobre a proteção ao meio ambiente e tantas outras esferas. A concepção limitada de poder de mercado e o foco circunscrito à maximização do bem-estar do consumidor e à produção de eficiências contribuem gravemente para uma flexibilização excessiva na aprovação de atos de concentração.

Não à toa, Fialho Borges argumenta que existe um "descontrole de estruturas" no direito concorrencial brasileiro.[212] Entre 1994 e 2018, o Cade aprovou aproximadamente 94,42% dos atos de concentração analisados, sem aplicar nenhum tipo restrição. Houve aplicação de restrições em cerca de 5,37% dos casos e a reprovação ocorreu em apenas 0,21% dos casos. Nesse período, a média anual de reprovações foi inferior a 1%, atingindo a marca de 0,84%.[213] Amparado em uma extensa e cuidadosa revisão bibliográfica, Fialho Borges constata que esse descontrole, ao autorizar as concentrações de mercado e de poder econômico, tem contribuído para a geração e perpetuação de desigualdades econômicas.

O descontrole de estruturas diagnosticado por Fialho Borges também se revela na pesquisa realizada por Stephanie Penereiro, que demonstra, a partir de uma sólida análise empírica, como diversas concentrações verticais e conglomerais autorizadas pelo Cade vieram a gerar, posteriormente, investigações de condutas unilaterais decorrentes da criação ou do reforço de poder econômico propiciado por essas concentrações. Assim, Penereiro nota que a autoridade concorrencial

---

[212] Esse argumento também é sustentado pela pesquisa anterior de Miola, que constatou que a prática do Cade não endereçou diretamente concentrações de mercado, tendo-as acatado, já que, em um universo de mais de 6.000 decisões, entre 1994 e 2010, 88,5% das operações foram aprovadas pelo Cade. *In*: MIOLA, Iagê Zendron. Law and the economy in neoliberalism: the politics of competition regulation in Brazil. Tese (Doutorado em Direito e Sociedade). Renato Treves International PhD Program in Law and Society, Università degli Studi di Milano, 2014.

[213] BORGES, Rodrigo Fialho. *Descontrole de estruturas*: dos objetivos do antitruste às desigualdades econômicas. 2020. 369 p. Tese (Doutorado em Direito Comercial) – Faculdade de Direito, Universidade de São Paulo, 2020, p. 218.

tem adotado uma postura complacente e se esquivado de intervir de modo prévio e preventivo no âmbito do controle estrutural, para posteriormente se valer do controle comportamental para reprimir eventuais abusos de poder econômico.[214] A conclusão a que se chega é a de que:

> [A] autoridade de defesa da concorrência: (i) quando da análise de atos de concentração, está apostando para ver eventuais abusos em momento posterior; (ii) está efetivamente verificando tais abusos, ao instaurar procedimentos de apuração de condutas por essas mesmas empresas com relação às quais permitiu concentrações econômicas; e (iii) mesmo assim, segue permitindo concentrações ainda mais elevadas de poder de mercado por esses agentes econômicos.[215]

A constatação de um descontrole de estruturas é especialmente crítica no contexto brasileiro, no qual, em razão de seu passado colonial, o poder econômico é historicamente concentrado e consolidado, com a produção de estruturas internas que afetam a acumulação de capital e a distribuição dos ganhos.[216] Salomão Filho constata que a concentração estrutural do poder econômico e a consequente concentração de renda afetam substancialmente os padrões de crescimento econômico. Correlaciona-se, portanto, a existência de estruturas coloniais monopolistas com o padrão de subdesenvolvimento das colônias europeias na América do Sul.[217]

Também acentua a gravidade desse descontrole de estruturas, como já indicado, a atual realidade econômica brasileira que, assentada em um capitalismo de laços, proporciona para agentes detentores de alto poder econômico canais de acesso privilegiado às entidades políticas e governamentais. Ao aliar essa realidade ao descontrole de

---

[214] PENEREIRO, Stephanie Vendemiatto. *Condutas anticompetitivas e a crescente concentração de mercado autorizada pelo Cade*. 2022. 475 f. Dissertação (Mestrado em Direito) — Universidade de Brasília, Brasília, 2022, p. 126, 128: "Verifica-se, portanto, a confirmação da hipótese de estarmos diante de situação em que nem a autoridade realiza uma análise mais restritiva dos atos de concentração econômica, e nem trata de forma incisiva as práticas de condutas unilaterais. Mesmo quando verifica abusos ou indícios de sua prática, a autoridade continua permitindo concentrações ainda mais elevadas de poder econômico por essas empresas. A postura adotada pelo Cade parece ultrapassar o descuido e configurar uma política deliberada, apoiando-se em uma metodologia de análise neoliberal".

[215] PENEREIRO, Stephanie Vendemiatto. *Condutas anticompetitivas e a crescente concentração de mercado autorizada pelo Cade*. 2022. 475 f. Dissertação (Mestrado em Direito) — Universidade de Brasília, Brasília, 2022, p. 126, 129.

[216] SALOMÃO FILHO, Calixto. *Direito Concorrencial*. São Paulo: Malheiros, 2013, p. 19, 22-23.

[217] SALOMÃO FILHO, Calixto. *Monopolies and underdevelopment*: From Colonial Past to Global Reality. Northampton: Edward Elgar Publishing, 2015.

estruturas, formam-se as condições necessárias para a perpetuação de desigualdades políticas que se revertem em desigualdades econômicas e vice-versa. Disso emanam a relevância e a urgência na elaboração de uma análise estrutural mais profunda e atenta aos modos como as estruturas empresariais organizam e exercem seu poder para além da esfera econômica.

Uma perspectiva mais crítica e abrangente sobre o poder econômico revela, portanto, que os seus efeitos são múltiplos e transcendem, inclusive, o âmbito exclusivamente econômico ou competitivo. Khan, por exemplo, argumenta que a concentração de poder econômico é problemática porque deprecia salários, aumenta custos para o consumidor, obstrui o empreendedorismo, dificulta o investimento, retarda a inovação e torna frágeis as cadeias de distribuição e sistemas complexos, também conferindo às empresas dominantes o poder político necessário para que consigam manipular o sistema político e produzir leis e políticas que lhes sejam favoráveis.[218]

Diante disso, diversos estudos têm problematizado a relação entre a elevação de concentração econômica e o consequente acúmulo de poder econômico, de um lado, e, de outro, o aumento das desigualdades e os entraves ao desenvolvimento econômico, as distorções de acesso ao sistema político e democrático, as obstruções ao avanço de pautas de proteção ao meio ambiente e combate à crise climática, a intensificação de assimetrias trabalhistas e o enfraquecimento dos sindicatos, entre outras repercussões. Para um controle efetivo do poder econômico, essas decorrências precisam ser consideradas e avaliadas de modo atento.

Essas relações confrontam a percepção da Escola de Chicago, à medida em que revelam que as concentrações econômicas não são danosas apenas quando prejudicam a maximização de eficiências ou o bem-estar do consumidor. Os diversos aspectos não relacionados a eficiências possuem grande relevância para as democracias capitalistas contemporâneas.

---

[218] KHAN, Lina M. The ideological roots of America's market power problem. *The Yale Law Journal Forum*, vol. 127, 2018, p. 960-979, p. 961: "This is troubling because monopolies and oligopolies produce a host of harms. They depress wages and salaries, raise consumer costs, block entrepreneurship, stunt investment, retard innovation, and render supply chains and complex systems highly fragile. Dominant firms' economic power allows them, in turn, to concentrate political power, which they then use to win favorable policies and further entrench their dominance".

A seção seguinte pretende realizar apontamentos sobre os estudos e pesquisas que evidenciam as consequências não econômicas do acúmulo de poder de mercado. Por "não econômicos", deve-se entender os efeitos que não se relacionam com eficiência e, portanto, para a ideologia da Escola de Chicago, não deveriam integrar o escopo de atuação e preocupação das políticas de defesa da concorrência. Por dialogar diretamente com o objeto desta pesquisa, será conferida atenção específica aos efeitos políticos da concentração de poder econômico, a fim de perceber como esses efeitos, sobretudo no contexto do capitalismo de laços brasileiro, precisam ser incorporados na análise de poder de mercado e no controle estrutural realizados pelo Cade.

3.2 Concentração econômica, efeitos "não econômicos" e impactos políticos

À medida que a desigualdade econômica aumenta no mundo e, em paralelo, observa-se um movimento crescente de concentração de mercados, novos olhares e preocupações se lançam sobre os efeitos da acumulação de poder econômico nas democracias capitalistas contemporâneas. A concomitância dessas duas tendências não significa, como adverte Fialho Borges, que haja, automaticamente, uma relação ou correlação de causalidade entre elas. Uma abordagem mais aprofundada, no entanto, revela e comprova tal conexão.

O debate sobre a relação entre concentração de mercados e desigualdade de riquezas se inaugura ainda em 1975, com a publicação do artigo *"Monopoly and the Distribution of Wealth"*, de autoria de William Comanor e Robert Smiley, que tinha o objetivo de investigar o impacto dos lucros de monopólio na distribuição de riquezas por família nos Estados Unidos. Para tanto, os autores trabalharam com o cenário hipotético de como estaria a distribuição do patrimônio familiar no país em 1962, caso a legislação antitruste aprovada em 1890 tivesse sido efetiva em impedir a obtenção de lucros de monopólio nesse período. As premissas e argumentos lançados no artigo foram atentamente analisados por Fialho Borges e a conclusão verificada foi a de que a existência de monopólios tem tido grande impacto sobre o grau de desigualdade na distribuição do patrimônio familiar.[219]

---

[219] BORGES, Rodrigo Fialho. *Descontrole de estruturas*: dos objetivos do antitruste às desigualdades econômicas. 2020. 369p. Tese (Doutorado em Direito Comercial) – Faculdade de Direito, Universidade de São Paulo, 2020, p. 29-31.

Contudo, como observa Fialho Borges, a discussão levantada por Comanor e Smiley não foi suficiente para incluir o tema na agenda do direito antitruste, que enfrentou transformações que direcionaram ao adormecimento do debate. Esse debate só foi realmente retomado em 2013, quando se impulsionou uma nova onda de estudos sobre desigualdades econômicas a partir do livro best-seller de Thomas Piketty, *O Capital no Século XXI*. A preocupação renovada com as desigualdades econômicas impulsionou estudos em áreas diversas, alcançando também o direito concorrencial e reacendendo as questões relacionadas à distribuição e aos monopólios que haviam sido antecipadas por Comanor e Smiley.

Essa preocupação renovada revelou que os efeitos de mercados concentrados são ainda mais perniciosos e abrangentes do que se presumia, com impacto exclusivo ou estanque sobre o processo competitivo. A capacidade de extração de lucros por agentes dominantes em setores monopolizados ou com pouca competitividade implica também uma transferência de renda dos consumidores aos agentes com poder de mercado, por meio dos preços supracompetitivos, o que desequilibra o cenário econômico e, em última instância, agrava desigualdades.[220] Diante disso, as preocupações com distribuição deveriam ser explicitamente incorporadas pela política de defesa da concorrência, uma vez que a desigualdade econômica, somada à concentração em poucos agentes, impediria o acesso de classes mais pobres a bens e serviços que não serão ofertados com menor preço e menor qualidade pelas empresas dominantes.[221]

---

[220] STIGLITZ, Joseph E. *The price of inequality:* how today's divided society endangers our future. New York: W. W. Norton & Company, 2013, p. 268: "Monopolies and imperfectly competitive markets are a major source of rents (…) As we look across the sectors of the economy, it is striking how many are dominated by at most two, three, or four firms. At one time, it was thought that that was OK – that in the dynamic competition associated with technological change, one dominant firm would replace another. There was competition for the market rather than competition in the market. But we now know that this won't suffice. Dominant firms have tools with which to suppress competition, and often they can even suppress innovation. The higher prices that they charge not only distort the economy but also act like a tax, the revenue from which doesn't, however, go to public purposes, but rather enriches the coffers of the monopolists".

[221] ATKINSON, Anthony B. *Inequality:* what can be done? Cambridge: Harvard University Press, 2015, p. 126-127: "The proposition being made here is that competition policy should embody explicit distributional concerns. (…) As noted in Chapter 1, one source of inequality is lack of access to goods or to services. We have seen in this chapter that the market cannot be relied upon to supply the range of products desired by consumers. This has a distributional dimension. Where there is inequality, and a limited number of suppliers, firms may not

Em sentido similar, Jonathan Baker e Steven Salop indicam que a aplicação permissiva de regras concorrenciais incrementou a prevalência do poder de mercado, o que também contribui para o crescimento da desigualdade. Os ganhos alavancados por meio do poder de mercado são direcionados, desproporcionalmente, aos ricos, já que os excedentes de produção resultantes do exercício de poder de mercado são revertidos para os acionistas e executivos de alto escalão, que são, em média, mais ricos do que o consumidor médio.[222] Os autores observavam, ainda, como o enfraquecimento de sindicatos e a acentuação da assimetria nas relações de trabalho também influenciaram o aumento da desigualdade gerada pela acumulação monopolista, uma vez que os ganhos extraídos com o exercício de poder de mercado não conseguem mais ser apropriados por sindicatos e outros grupos trabalhistas.[223]

Outras pesquisas também têm traçado a relação e os impactos que o poder de mercado tem com a degradação e a vulnerabilização do trabalho. Ao observar que a concentração econômica gera o declínio de salários, o aumento de lucros, o aumento de desigualdades de renda e de riqueza, e o aumento de grau de alavancagem de residências, Isabel Cairó e Jae Sim associam a ela, consequentemente, o incremento da instabilidade financeira e da maior probabilidade de crises econômicas. A conexão entre esses fatores, notam os pesquisadores, associa, ainda, o aumento de lucros em detrimento da diminuição do valor do trabalho, já que as empresas conseguem combinar o poder econômico nos mercados de produtos ao poder econômico nos mercados de trabalho.[224]

Na mesma perspectiva, destacam-se ainda (i) a pesquisa de Jan De Loeckery, Jan Eeckhoutz e Gabriel Ungerx, que demonstra as

---

supply the lower-quality goods that are sought by poorer families, and these families are therefore excluded".

[222] BAKER, Jonathan B.; SALOP, Steven C. Antitrust, Competition Policy, and Inequality. *Georgetown Law Journal Online*, vol. 104, 2015, p. 1-28, p. 11-12: "Market power also contributes to growing inequality (...) The adoption of more permissive antitrust rules during the past quarter century has also likely increased the prevalence of market power. The returns from market power go disproportionately to the wealthy – increases in producer surplus from the exercise of market power accrue primarily to shareholders and the top executives, who are wealthier on average than the median consumer".

[223] BAKER, Jonathan B.; SALOP, Steven C. Antitrust, Competition Policy, and Inequality. *Georgetown Law Journal Online*, vol. 104, 2015, p. 1-28, p. 12: "Unionized workers historically may also have been able to appropriate some market power rents, but this possibility has limited practical importance today with the decline of private sector unionization".

[224] CAIRÒ, Isabel; SIM, Jae W. Market power, inequality, and financial instability. *Finance and Economics Discussion Series*, n. 2020-057, Washington: Board of Governors of the Federal Reserve System, jul. 2020.

implicações macroeconômicas do poder de mercado, com a correlação entre o aumento de poder de mercado e dos *markups* com o declínio da parcela de trabalho alocada pelas empresas;[225] e (ii) a pesquisa de Gauti B. Eggertsson, Jacob A. Robbins e Ella Getz Wold, que apresenta o crescimento dos lucros de monopólio, associado à redução de competição e do dinamismo dos negócios, e o crescimento dos lucros, associado à diminuição de salários, indicando que o aumento da concentração de poder de mercado guarda relação direta com a desigualdade de renda e de riqueza.[226]

Com isso, esses e diversos outros estudos passaram a propagar uma nova visão acerca dos efeitos da concentração de mercados. Desde então, avança uma percepção mais cética e receosa com relação aos monopólios e às concentrações de mercado, em oposição à crença difundida pela Escola de Chicago, que liderou o movimento de flexibilização do controle estrutural nos Estados Unidos. Acentuaram-se as críticas ao padrão de bem-estar do consumidor e as reflexões sobre a necessidade de que o direito concorrencial acolha considerações diversas do que aquelas relacionadas exclusivamente com a geração de eficiências econômicas.

Mesmo porque, ainda que se acatassem as premissas de Chicago, a eleição da maximização de eficiências como objetivo principal do direito da concorrência permanece esbarrando com incertezas e inseguranças na análise concorrencial. Frazão sustenta que existem sérios questionamentos sobre a identificação entre eficiências e bem-estar do consumidor, além de enormes dificuldades para mensurar e quantificar o bem-estar do consumidor, tornando tais critérios consequencialistas altamente discutíveis. Isso abala, inclusive, o pretenso objetivo da teoria, que seria o de simplificar e conferir maior segurança ao direito da

---

[225] DE LOECKER, Jan; EECKHOUT, Jan; UNGER; Gabriel. The rise of market power and the macroeconomic implications. *The Quarterly Journal of Economics*, vol. 135, n. 2, maio/2020, p. 561-644, p. 567: "We share with these papers that the reallocation of economic activity toward large firms has substantial implications that resolve a number of puzzles in macroeconomics, most notably the decline in the labor share. We argue that market power and the rise of markups is the common cause of both the reallocation toward large firms and the decline in the labor share. The decline in the labor share holds at the firm level, from firm optimization: as markups increase, firms spend less on labor. With an economy-wide increase in market power, enough firms reduce their expenditure on labor, which translates into an aggregate decline in the labor share, as observed in the macro aggregates".

[226] EGGERTSSON, Gauti B; ROBBINS, Jacob A; WOLD, Ella Getz. Kaldor and Piketty's facts: The rise of monopoly power in the United States. *Journal of Monetary Economics*, v. 124, 2021, p. 19-38.

concorrência. A incorporação de metodologias econômicas no direito da concorrência não parece ter servido, portanto, para dar as prometidas racionalidade e previsibilidade de análise.[227]

A justificativa da "administrabilidade" da análise concorrencial seria, portanto, como bem indica Castro, pouco convincente, já que a aplicação do critério de eficiência implicou uma ampliação substancial da complexidade de questões concorrenciais e sua operacionalização requer simplificações grosseiras sobre o funcionamento da economia e os limites do antitruste.[228]

A redução do escopo da política de defesa da concorrência não serve, portanto, à administrabilidade, previsão ou segurança da análise concorrencial, mas opera em desfavor da consideração de valores e preocupações que estão fortemente relacionados com a concentração dos mercados e o aumento do poder econômico que devem ser regulados pelo direito da concorrência.

Movimentos e vertentes intitulados "pós-Chicago", voltados para a superação ou atualização da teoria, já reconhecem que os mercados são mais complexos, variados e falhos do que economistas tradicionais da Escola de Chicago admitiam.[229] Disso sucedem a redução de confiança na racionalidade e na capacidade de autocorreção e equilíbrio pelos mercados e também a necessidade de desenvolver novos parâmetros e mecanismos de intervenção no comportamento dos agentes de mercado.

A realidade complexa das democracias capitalistas contemporâneas demanda, segundo argumenta Fox, que o direito da concorrência também promova reflexões em torno de outros valores que não apenas a eficiência.[230] Para Stucke, igualmente, não é cabível, em democracias plurais, reduzir o direito concorrencial a um único objetivo bem definido, já que a concretização do bem-estar das pessoas e da sociedade

---

[227] FRAZÃO, Ana. A necessária constitucionalização do direito da concorrência. *In*: MERLIN CLÈVE, Clèmerson; FREIRE, Alexandre (coord.). *Direitos Fundamentais e Jurisdição Constitucional*. São Paulo: Editora Revista dos Tribunais, 2014, p. 139-158, p. 150-151.

[228] CASTRO, Bruno Braz de. *Eficiência e rivalidade*: alternativas para o direito da concorrência nos países em desenvolvimento. 2017. 252 p. Tese (Doutorado em Direito) – Faculdade de Direito, Universidade Federal de Minas Gerais, Belo Horizonte, 2017, p. 114.

[229] HOVENKAMP, Herbert. The reckoning of post-Chicago antitrust. *In*: CUCINOTTA, Antonio; PARDOLESI, Roberto; BERGH, Roger van dan. *Post-Chicago developments in antitrust law*. Cornwall: Edward Elgar, 2002.

[230] FOX, Eleanor. Post-Chicago, post-Seattle and the dilemma of globalization. *In*: CUCINOTTA, Antonio; PARDOLESI, Roberto; BERGH, Roger van dan. Post-Chicago developments in antitrust law. Cornwall: Edward Elgar, 2002, p. 77.

demanda que se ponderem diversos valores políticos, sociais, morais e econômicos.[231]

Para além das preocupações com distribuição, trabalho e justiça social, também se aprofunda o debate sobre os efeitos da concentração de mercado e de poder econômico sobre o sistema político e a democracia, diante da constatação de que a concentração de poder de mercado e poder econômico se traduz em influência política.[232]

Baker e Salop argumentam que essa tradução se transforma em um círculo vicioso que acentua as desigualdades e ameaça a democracia, já que o poder econômico de elites concede aos ricos um poder político que é empregado para alavancar o poder econômico e assim por diante.[233] Dutz e Khemani também identificam tal tradução de poder econômico em influência política, observando que ela é viabilizada por meio do emprego dos lucros de monopólio para a obtenção de vantagens econômicas juntamente aos governos. Isso finda por robustecer as posições dominantes dos agentes com poder econômico e gerar uma verdadeira "tirania dos grupos de interesse".[234]

Binyamin Appelbaum,[235] Jonathan Tepper e Denise Hearn,[236] Thomas Philippon[237] também observam que a concentração empresarial excessiva reverte efeitos políticos diretos sobre o sistema democrático, na medida em que os interesses concentrados são os mais prováveis de se organizarem e protegerem suas posições, o que consequentemente leva ao desequilíbrio da representação democrática.

---

[231] STUCKE, Maurice E. Reconsidering antitrust's goals. *Boston College Law Review*, vol. 53, n. 2, 2012, p. 551-629, p. 624.

[232] DUTZ, Mark; KHEMANI, R. Shyam. *Challenges in South Asia competition law and policy*: challenges in South Asia. Washington: The World Bank, 2007.

[233] BAKER, Jonathan B.; SALOP, Steven C. Antitrust, competition policy, and inequality. *Georgetown Law Journal Online*, vol. 104, 2015, p. 1-28, p. 6-7: "Another problem is political. The wealthiest have a disproportionate influence on public policy. This gives them an ability and incentive to skew public investments and government policies to favor themselves (...) This political effect can make inequality self-reinforcing: the economic power of those at the top gives the wealthy political power, which can be used to entrench and enhance their economic power, further increase their political power, and so on. This vicious cycle creates the possibility that inequality could threaten our democracy".

[234] DUTZ, Mark; KHEMANI, R. Shyam. *Challenges in South Asia competition law and policy*: challenges in South Asia. Washington: The World Bank, 2007, p. 11.

[235] APPELBAUM, Binyami. *The economist's hour*. False prophets, free markets, and the fracture of society. New York: Little, Brown and Company, 2019.

[236] TEPPER, Jonathan; HEARN, Denise. *The myth of capitalism*. Monopolies and the death of competition. New Jersey: John Wiley & Sons, 2019.

[237] PHILIPPON, Thomas. *The great reversal*. How America gave up on free markets. Cambridge: The Belknap Press of Harvard University, 2019.

Por reconhecer que a concentração excessiva de poder econômico alimenta pressões políticas antidemocráticas, Pitofsky indica que certos valores políticos devem ser incorporados na interpretação da legislação antitruste, a fim de que as estruturas possam ser controladas com esses valores em vista, sob pena de permitir a formação de grupos empresariais gigantes que estimulem uma atuação mais intrusiva do Estado na economia.[238]

Ingo Schmidt e Jan Rittaler também ponderaram sobre como a omissão de objetivos não econômicos tem gerado efeitos sérios sobre a efetividade da política antitruste estadunidense, já que mercados altamente concentrados levam ao incremento de influência política das grandes empresas, o que conduz à utilização do poder econômico para exercer pressões políticas voltadas à obtenção de proteção da concorrência ou subsídios governamentais.[239]

Em concordância, Zingales defende que a redução de poder político detido por empresas privadas deve ser um objetivo do direito antitruste, uma vez que a forma mais perversa e durável de monopólio é aquela chancelada pelo poder estatal. O desafio surge justamente do fato de que a habilidade em obter apoio e chancela do Estado decorre do tamanho da empresa que, quanto maior, terá maior facilidade para realizar *lobby* e obter retornos.[240] Wu também partilha visão semelhante ao observar que a concentração econômica gera desdobramentos políticos importantes por fazer com que grandes empresas possam influenciar fortemente as decisões e políticas de governos.[241]

---

[238] PITOFSKY, Robert. The political content of antitrust. *University of Pennsylvania Law Review*, v. 127, p. 1.051-1.075, 1979, p. 1.051: "It is bad history, bad policy, and bad law to exclude certain political values in interpreting the antitrust laws. By 'political values', I mean, first, a fear that excessive concentration of economic power will breed antidemocratic political pressures (...) A third and overriding political concern is that if the free-market sector of the economy is allowed to develop under antitrust rules that are blind to all but economic concerns, the likely result will be an economy so dominated by a few corporate giants that it will be impossible for the state not to play a more intrusive role in economic affairs".

[239] SCHMIDT, Ingo L; RITTALER, Jan B. *A critical evaluation of the Chicago school of antitrust analysis*. Londres: Kluwer Academic Publishers, 1989, p. 110: "The omission of non-economic objectives can have serious effects, since highly concentrated markets lead to a decreased flexibility of large companies and to an increase in their (potential) political influence. This may lead to the use of economic power to exercise political pressure in order to get protection from competition or direct government subsidies".

[240] ZINGALES, Luigi. *A capitalism for the people*: Recapturing the lost genius of American prosperity. New York: Basic Book, 2012.

[241] WU, Tim. *The curse of bigness*. Antitrust in the New Gilded Age. New York: Columbia Global Reports, 2018.

REFERENCIAIS CONSTITUCIONAIS PARA O CONTROLE DE ESTRUTURAS: LIMITAÇÃO À CONCENTRAÇÃO DE PODER...

Para Lina Khan, o poder político produzido pela acumulação de poder econômico pode ser empregado para influenciar os processos e resultados políticos por meio de inúmeras estratégias.[242] Em estudo com Zephyr Teachout,[243] os autores buscaram mapear e sistematizar as formas pelas quais se desdobra o poder político do poder econômico, indicando que o seu exercício pode ocorrer por meio do poder de estabelecer políticas, do poder de regular, e do poder de tributar.[244]

Walter Adams e James Brock também problematizaram como a acumulação de poder econômico pode ser decisiva para determinar quais empresas, em momentos de crise, receberão auxílio do governo, contribuindo para o fenômeno *"too big to fail"* – ou "grande demais para falir", em tradução livre ao português. Em vista disso, ao reconhecer que o acúmulo de poder econômico privado pode tender a abusos e prejuízos à sociedade, os autores sugerem que o poder deve ser descentralizado e que a política antitruste é essencial para tanto, já que mercados competitivos dispersam o poder.[245]

Não à toa, Heather Boushey expõe que existe um esforço orquestrado por grandes empresas para subverter a legislação antitruste e enfraquecer o seu propósito de dispersar o poder político de estruturas economicamente concentradas. Essa subversão é possibilitada justamente pela desigualdade política que advém da desigualdade econômica e que confere aos mais ricos o acesso privilegiado ao poder público, distorcendo o ideal democrático de que todos cidadãos possuem o mesmo poder e influência por meio do voto. Por isso, indica a autora que não é coincidência a concomitância do cenário de elevada e crescente desigualdade econômica e do contexto de afrouxamento e estreitamento das leis antitruste.[246]

O esforço orquestrado por agentes economicamente poderosos, com o intuito de remover os contornos políticos do direito concorrencial

---

[242] KHAN, Lina. *The new Brandeis movement*: America's Antimonopoly Debate. Journal of European Competition Law & Practice, 2018, v. 9, n. 3.

[243] TEACHOUT, Zephyr; KHAN, Lina. Market structure and political law: a taxonomy of power. *Duke Journal of Constitutional Law & Public Police*. 2014, Vol. 9. n. 1.

[244] Embora se reconheça que identificar e sistematizar as manifestações do poder político derivado do poder econômico seja indispensável para a proposição de medidas concretas para conter tais efeitos, não caberá a este estudo realizar um exame nesses moldes e sentido.

[245] ADAMS, Walter; BROCK, James W. Antitrust, ideology, and the arabesques of economic theory. *University of Colorado Law Review*, v. 66, n. 2, p. 257-327, 1995.

[246] BOUSHEY, Heather. *Unbound: How inequality constricts our economy and what we can do about it.* Cambridge: Harvard University Press, 2019, p. 164.

e estreitar sua concepção sobre os efeitos diversos da acumulação de poder econômico, é uma evidência que corrobora o potencial da defesa da concorrência na promoção dos desenlaces entre poder econômico e poder político e das igualdades econômica e política.

Com base em estudos empíricos diversos, Boushey concluiu que a desigualdade econômica obstrui, subverte e distorce os processos que conduzem à produtividade, à estabilidade e ao crescimento econômicos, uma vez que a desigualdade econômica se traduz em poder político e social. Essa tradução impacta gravemente a democracia e o funcionamento dos mercados, de modo que, para a autora, restabelecer uma defesa ferrenha do processo competitivo se encontra entre as principais medidas para combater os efeitos da desigualdade econômica e para encerrar o vínculo que permite tal tradução, ao controlar o tamanho e a influência de agentes privados poderosos sobre os processos políticos.[247]

As diferentes repercussões e manifestações do poder econômico passam a receber uma atenção renovada também em razão da economia digital, que tem acirrado as preocupações com os impactos políticos das concentrações de mercados e a urgente necessidade de conceber o poder econômico com uma perspectiva mais crítica, minuciosa e abrangente. Em uma abordagem econômico-concorrencial, indica-se que a economia digital reivindica um conceito *multidimensional* de poder de mercado, tendo em vista que o conceito tradicional não consegue dialogar com as novas manifestações de poder nos mercados digitais, como o poder conglomerado, o poder de intermediação e a posição de *gatekeepers*, por exemplo.[248]

Essas novas dimensões e dinâmicas de poder adicionaram complexidades consideráveis ao controle jurídico do poder econômico, uma vez que seus impactos parecem ainda mais intrusivos e abrangentes sobre variados aspectos da vida humana. As plataformas digitais se sagraram como modelo de negócios dominante na economia digital e produziram o fenômeno do "capitalismo de plataformas", que retrata a difusão de agentes intermediários de relações econômicas e sociais e demonstra como o domínio desse modelo alterou radicalmente as

---

[247] BOUSHEY, Heather. *Unbound: How inequality constricts our economy and what we can do about it.* Cambridge: Harvard University Press, 2019, Conclusion.

[248] LIANOS, Ioannis; CARBALLA-SMICHOWSKI, Bruno. A coat of many colours: new concepts and metrics of economic power in competition law and economics. *Journal of Competition Law and Economics*, vol. 18, n. 4, 2022, p. 1-50.

interações econômicas e a forma como as pessoas interagem, se informam e se expressam na esfera pública virtual.[249]

Com isso, as plataformas digitais se tornaram os agentes mais influentes da era digital e alcançaram expressivo poder de mercado, alavancando a emergência do fenômeno das *big techs*, tendo cunhado a sigla "Gafam" para designar os principais agentes dominantes na economia digital – Google, Amazon, Facebook (agora, Meta), Apple e Microsoft. O fenômeno é representativo do desenvolvimento dos mercados digitais e alerta para uma realidade distinta daquela que se imaginava nos primórdios da Internet: a dinamicidade dos mercados digitais não tem sido suficiente para conter e contestar o acúmulo e a consolidação de poder de mercado em agentes dominantes.

A grave consolidação de poder econômico privado na economia digital lança luz sobre os sérios impactos políticos que resultam da concentração de mercados. O Relatório sobre Plataformas Digitais, elaborado pelo *Stigler Center* em 2019,[250] indicou o funcionamento da democracia como um dos quatro principais eixos afetados pelas plataformas digitais. O relatório destacou que as plataformas digitais são atores políticos singularmente poderosos, indicando que o Google e o Facebook devem ser os agentes políticos mais poderosos do nosso tempo. Essas plataformas reuniriam cinco elementos ou características-chave que permitem a captura de políticos e que impedem uma efetiva supervisão democrática:

i) dinheiro: o enorme poder econômico facilita a realização de lobby com políticos e reguladores;
ii) mídia: o papel poderoso e crescente das plataformas como canal para a imprensa e a mídia permite que elas conformem o discurso público e definam como os políticos alcançam seus eleitores;
iii) complexidade: o tamanho, a complexidade e a opacidade das plataformas dificultam o desenvolvimento de ferramentas regulatórias efetivas, na medida em que as assimetrias de informação são exploradas para desviar a regulação sem muito alarde;

---

[249] SRNICEK, Nick. *Platform capitalism*. Cambridge: Polity Press, 2017.
[250] Stigler Committee on Digital Platforms. Final Report. 2019. Disponível em: https://research. chicagobooth.edu/stigler/media/news/committee-on-digital-platforms-final-report. Acesso em 27 ago. 2022.

iv) conectividade: a conectividade e a base de membros permitem que as plataformas digitais mobilizem seus usuários para desafiar e reagir contra iniciativas políticas que lhes gerem desvantagens; e

v) "campeões nacionais": a relevância das plataformas digitais permite que elas argumentem a defesa do "interesse nacional" e reivindiquem um tratamento preferencial, dado seu papel estratégico, sempre que seus interesses próprios são ameaçados.

Todos esses elementos se retroalimentam como causas e consequências do imenso poder detido pelas plataformas e evidenciam que as repercussões da concentração de poder econômico são muito mais diversas e amplas, produzindo efeitos diretos sobre o sistema político e sobre a democracia. A economia digital evidencia e confirma a urgência e importância de observar como poder econômico e poder político se conectam intimamente, não sendo cabível que autoridades da concorrência deixem de ponderar sobre os impactos dessa conexão no ambiente competitivo.

Essas considerações sobre os efeitos políticos derivados da concentração econômica, sobretudo no contexto da economia digital e do capitalismo de laços brasileiro, devem, portanto, informar a análise empreendida em sede de controle de estruturas. Para tanto, é preciso ampliar a concepção de poder de mercado empregada no direito concorrencial, a fim de abarcar os impactos que vão além da possibilidade de elevar preços ou reduzir qualidade e inovação, mas que, ainda assim, afetam o ambiente competitivo.

Isso, contudo, não parece ser um andamento em curso na prática judicante recente do Cade, mesmo diante da realidade econômica brasileira e dos diversos estudos que evidenciam a correlação entre poder político e poder econômico. Uma análise empírica sobre os 77 atos de concentração julgados pelo Tribunal do Cade[251] nos últimos 5 anos[252] revela que em apenas *um único caso* houve algum tipo de consideração

---

[251] A coleta e seleção dos casos para análise contou com o apoio da Lei de Acesso à Informação (Lei nº 12.527/2011), por meio da qual se solicitou ao Cade a lista de atos de concentração julgados desde 2012 até o momento da solicitação.

[252] O período especificamente analisado foi de 1º de janeiro de 2017 a 22 de junho de 2022.

sobre os potenciais efeitos políticos decorrentes do aumento do poder econômico.[253]

O Ato de Concentração nº 08700.000726/2021-08 versou sobre a operação de aquisição de ativos e atividades relacionados à telefonia móvel da Oi S.A. pelas empresas Claro S.A., Telefônica Brasil S.A. e TIM S.A. O voto do Conselheiro-Relator, que ficou vencido, posicionava-se pela reprovação da operação, por verificar, em síntese, que a concentração gerada levaria ao arrefecimento da rivalidade e à estabilização de preços em patamar mais elevado.[254]

Em sua análise, ao considerar os riscos de efeitos coordenados ensejados pela concentração, o Conselheiro-Relator também observou que emanava o risco de captura do Estado. Com referência à doutrina de Salomão Filho, o Conselheiro-Relator frisou que a alta concentração de poder de mercado em uma ou poucas empresas pode estimular "comportamentos oportunistas, com efeitos que ultrapassam o âmbito concorrencial, e que podem resultar até mesmo em 'captura' de instituições de Estado".

O Conselheiro-Relator destacou que a aprovação da operação daria às empresas adquirentes 98% de participação no mercado de telefonia móvel; 100% das estações de rádio base; 97,7% dos direitos de uso de espectro de radiofrequência nas faixas com largura entre 1 e 3 GHz; e 95% dos direitos de uso de espectro nas faixas com largura inferior a 1GHz. Como decorrência dos altos níveis de concentração, o Conselheiro-Relator apontou que:

> A formação de triopólio em mercado com altas barreiras à entrada, estrutura homogênea de custos e de participação de mercado e tendência de redução significativa na rivalidade traz consigo um enorme aumento do risco de captura das instituições de Estado.

> A meu ver, como julgador e observador dos fatos associados ao processo, esse risco ultrapassa as preocupações teóricas. Constato, por exemplo,

---

[253] Delimitado o universo de casos para a análise, coletaram-se ao todo, entre votos-relatores, votos-vista, votos-vogais e despachos decisórios em recursos e avocações, 178 documentos para exame.

[254] BRASIL. Tribunal do Conselho Administrativo de Defesa Econômica – Cade. Plenário. Relator: Conselheiro Luís Braido. Voto em Ato de Concentração nº 08700.000726/2021-08. 9 fev. 2022. Versão pública, §156: "Portanto, os elementos acima, tomados em conjunto, permitem concluir que o ato de concentração em julgamento poderá ter, como principal efeito, uma maior probabilidade arrefecimento da rivalidade e estabilização de preços em patamar mais elevado, após o ato de concentração".

que nas semanas anteriores ao julgamento do caso, surgiram notas na Internet com claro intuito de desinformação e, no limite, difamação do Cade. Adicionalmente, após o julgamento, surgiram notícias na imprensa apontando para possíveis movimentos de captura associados a esta operação.

O voto do Relator conseguiu ponderar, portanto, em alguma medida, sobre os impactos políticos que decorreriam das concentrações de mercado verificadas, considerando que o acúmulo do poder econômico se estende para além das fronteiras do mercado relevante delimitado e pode se projetar sobre entidades governamentais e políticas. A consideração do aumento do risco de captura do Estado a partir da constatação de excessiva concentração de mercado demonstra uma percepção mais abrangente sobre o poder econômico, cujo acúmulo perturba não somente estruturas e dinâmicas de mercado, mas também deturpa o funcionamento do sistema governamental e político. A análise concorrencial empreendida no voto-relator deste caso superou, por conseguinte, uma concepção estritamente tradicional do poder de mercado, verificando desdobramentos que se dariam para além dos efeitos unilaterais ou coordenados relacionados ao aumento de preço.

No entanto, os demais votos-vogais prolatados neste julgamento, mesmo aqueles que acompanharam o posicionamento do Conselheiro-Relator pela reprovação da operação, não mencionaram os aspectos políticos que seriam derivados da concentração sob análise. A operação foi aprovada pela maioria do Plenário do Tribunal e, inobstante as observações tecidas pelo Conselheiro-Relator, nenhum dos votos divergentes trouxe ponderações que considerassem ou mitigassem eventuais preocupações políticas derivadas da concentração de mercado autorizada.

À exceção desse caso, em nenhum outro ato de concentração foram suscitadas quaisquer preocupações com os efeitos políticos da concentração econômica, mesmo naqueles em que haveria ao menos um elemento objetivo capaz de levantar questionamentos mais diretos sobre os impactos políticos, qual seja, a relação entre as empresas envolvidas e o financiamento de campanhas eleitorais. Assim, identificaram-se 5 atos de concentração nos quais a parte requerente era alguma das vinte principais empresas doadoras de campanha nas eleições de 2002, 2006,

2010 e 2014,[255,256] e, ainda diante desse elemento objetivo, não houve consideração pelo Tribunal sobre preocupações com eventual influência política ou outros efeitos políticos reforçados pelo incremento de poder econômico.

Esse quadro demonstra que a autoridade concorrencial parece impermeável não apenas às discussões substantivas de cunho constitucional, mas à própria realidade fática que a circunda. Essa impermeabilidade se traduz como uma visível inércia ou resistência em se ampliar a concepção de poder econômico e observar os efeitos políticos decorrentes de seu acúmulo, a despeito do consenso crescente sobre o tema e das particularidades do contexto econômico brasileiro.

Ainda que não se possa atribuir específica e diretamente a causa para que apenas *um* caso tenha avaliado potenciais impactos políticos derivados do incremento de concentração econômica, compreende-se, como argumentado ao longo desta obra, que é possível perceber a influência da teoria econômica dominante – que exclui valores "não econômicos" da análise concorrencial – como um fator que contribui para esse cenário de inércia e resistência em conceber o poder econômico de modo mais amplo e crítico.

A partir de uma leitura constitucional, a incorporação de efeitos "não econômicos" no controle de estruturas é legítima e atende à multiplicidade de princípios que fundamentam a ordem econômica constitucional e devem orientar o controle jurídico do poder econômico. Assim, a próxima seção reflete sobre como os referenciais normativos constitucionais conferem validade ao direito concorrencial brasileiro e conformam a sua interpretação e aplicação, que devem se guiar pela ideologia, princípios e diretrizes da ordem constitucional. Com isso, demonstra-se ainda mais explicitamente como a inércia do Cade em conceber os impactos políticos da concentração econômica constitui

---

[255] A fonte empregada para identificação dos principais doadores foi a lista elaborada por Bruno Carazza, a partir do Repositório de Dados Eleitorais do Tribunal Superior Eleitoral. Em: CARAZZA, Bruno. *Dinheiro, eleições e poder*: as engrenagens do sistema político brasileiro. São Paulo: Companhia das Letras, 2018, p. 50.

[256] Seria possível ampliar tal critério de análise com a inclusão do financiamento de campanha realizado por pessoas físicas nessas mesmas eleições e também na eleição de 2018, estabelecendo outros elementos acessórios para identificar e relacionar tais pessoas com empresas e grupos econômicos que compareceram ao Cade. Pela necessidade de simplificação da pesquisa, optou-se por não fazer isso neste estudo. Ademais, diversos critérios poderiam ter sido eleitos, como a sensibilidade e a relevância do setor envolvido na operação, o porte e a atuação das partes requerentes, ou os níveis de concentração resultantes da operação, mas optou-se pelo referido critério como forma de simplificar e tornar objetiva a seleção.

uma falta grave em relação aos princípios constitucionais que regem a repressão ao abuso do poder econômico.

3.3 A ordem econômica constitucional, a repressão ao abuso do poder econômico e o controle de estruturas

As várias conotações e conseguintes ambiguidades que envolvem a expressão "ordem econômica" ensejam advertências para sua abordagem e têm merecido e recebido, por grandes estudiosos, atenção cautelosa e dedicada para esmiuçar suas nuances e delimitar seus contornos. Em uma de suas acepções, ordem econômica designa o conjunto de normas, de naturezas diversas – jurídicas, religiosas ou morais, por exemplo – que se relacionam com a regulação do comportamento de sujeitos econômicos, funcionando como um sistema normativo, em sentido sociológico, da ação econômica.[257] Em outra acepção, a ordem econômica é tida como modo de ser empírico de uma determinada economia concreta.[258]

Aqui, por ser entendida e empregada em sua acepção como *ordem jurídica da economia* ou *parcela da ordem jurídica,*[259] a ordem econômica assume, indiscutivelmente, caráter normativo e orientativo sobre como *deve ser* o sistema econômico. A ordem econômica constitucional, porquanto, institui os fundamentos sobre os quais *deverão ser* fundadas as relações e instituições econômicas. Da leitura do artigo 170 da Constituição Federal, que estabelece a ordem econômica no Estado brasileiro, tem-se que a atividade econômica deverá ser fundada na valorização do trabalho humano e na livre iniciativa, tendo por fim assegurar a todas e todos existência digna, conforme os ditames da justiça social e com a observância de uma série de princípios.[260]

---

[257] MOREIRA, Vital. *A ordem jurídica do capitalismo.* 4. ed. Lisboa: Caminho, 1973, p. 67-71.

[258] MOREIRA, Vital. *A ordem jurídica do capitalismo.* 4. ed. Lisboa: Caminho, 1973. Note-se que essa acepção se aproxima da conceituação fornecida por Weber, para quem a ordem econômica é tida como a esfera dos acontecimentos reais, em oposição à ordem jurídica, tida como esfera ideal do dever-ser. Em: WEBER, Max. *Economia e sociedade*: fundamentos da sociologia compreensiva. 3. ed., vol. 1. Brasília: Editora Universidade de Brasília, 2000, p. 209-2015.

[259] GRAU, Eros Robertos. *A ordem econômica na Constituição de 1988.* Interpretação e crítica. 17. ed. São Paulo: Editora Malheiros, 2015, p. 65-66.

[260] *Ibidem*, p. 66.

Assim, Eros Grau compreende a ordem econômica como um conjunto de princípios jurídicos de conformação do processo econômico, em visão macrojurídica, que se opera mediante o condicionamento da atividade econômica a determinados fins políticos do Estado. Em outras palavras, a ordem econômica seria o conjunto de normas que define, institucionalmente, um determinado modo de produção econômica, mas com pretensão normativa, pela qual se propõe também o seu aprimoramento.[261]

Confere-se ao Direito, portanto, função constitutiva do modo de produção,[262] pela qual o Direito *instrumenta* o desenvolvimento das relações de mercado no capitalismo.[263] Daí que, em consonância com a perspectiva sociológica que embasa este trabalho, também a instituição jurídica da ordem econômica reconhece que cumpre ao Estado, por meio do direito positivado, traçar os limites e funções dos mercados a partir do reflexo dos princípios constitucionais. Afirma, então, Forgioni que "os princípios constitucionais são a forma que primeiramente moldará o mercado", deles fluindo os fundamentos de organização dos mercados.[264]

A estatura constitucional da ordem econômica – que muito a aproxima e quase faz coincidir, inclusive, com a noção de Constituição Econômica[265] – estende seus princípios e normas ao ordenamento jurídico brasileiro como um todo, de modo que os mecanismos de intervenção estatal na economia e suas políticas públicas deverão, pela própria normatividade conferida à ordem econômica como parcela da ordem jurídica, sujeitar-se aos ditames constitucionais. A ordem econômica constitucional desponta, portanto, como referencial normativo e teórico para a consecução da política econômica pelo Estado.

---

[261] GRAU, Eros Robertos. *A ordem econômica na Constituição de 1988*. Interpretação e crítica. 17. ed. São Paulo: Editora Malheiros, 2015, p. 72.

[262] *Ibidem*, p. 70.

[263] GRAU, Eros Robertos. *A ordem econômica na Constituição de 1988*. Interpretação e crítica. 17. ed. São Paulo: Editora Malheiros, 2015, p. 123: "(...) a circunstância de o Direito, por um lado, no modo de produção capitalista, instrumentar o desenvolvimento das relações de mercado".

[264] FORGIONI, Paula A. *Contratos empresariais*: Teoria geral e aplicação. 3. ed. São Paulo: Thomson Reuters, 2018, p. 273.

[265] Nos termos de Vital Moreira, a Constituição Econômica é "o conjunto de preceitos e instituições jurídicas que, garantindo os elementos definidores de um determinado sistema econômico, instituem uma determinada forma de organização e funcionamento da economia e constituem, por isso mesmo, uma determinada ordem econômica". Em: MOREIRA, Vital. *Economia e Constituição*: para o conceito de constituição econômica. Coimbra: Faculdade de Direito, 1974, p. 35.

Ao tomar o direito concorrencial brasileiro como um dos mecanismos de intervenção estatal no domínio econômico, esse arranjo de normas e princípios igualmente emerge, a um só tempo, como fundamento e orientação para a política de defesa da concorrência. Pelo próprio objeto de sua tutela, associam-se ao direito da concorrência, então, mais prontamente, os princípios da livre iniciativa e da livre concorrência como conformadores das relações econômicas que procura controlar.

A liberdade de iniciativa, como observa Salomão Filho, é compreendida como uma cláusula geral cujo conteúdo deve ser preenchido pelos demais princípios organizadores da ordem econômica constitucional, dispostos nos incisos do já citado artigo 170 da Constituição Federal. Disso decorre que a liberdade de iniciativa não é absoluta ou anárquica, mas social, de modo que pode ser limitada pelos princípios que a definem.[266]

Assim, apontará Forgioni que o princípio da legalidade é um daqueles que conferem balizas à liberdade de iniciativa, que, na economia capitalista brasileira, funciona para assegurar que os agentes econômicos tenham acesso aos mercados e neles possam permanecer. Em perspectiva historicizada, a liberdade de iniciativa esteve proximamente relacionada com a rejeição a privilégios e evoca "o aumento do espaço de atuação privada em face dos favorecimentos concedidos a apenas alguns agentes".[267]

A ligação histórica e a leitura constitucional da liberdade de iniciativa como associada à liberdade de atuação e ao repúdio de privilégios são referências importantes para promover uma política de defesa da concorrência que possa desenlaçar os vínculos entre a concentração de poder econômico e os efeitos políticos que proporcionam a concessão de favores e vantagens diferenciadas aos agentes detentores desse poder.

Para Frazão, portanto, a liberdade de iniciativa se vincula à noção de "mercados como espaços em que todos podem acessar e permanecer pelo mérito, sendo remunerados pelos seus esforços e pelo

---

[266] SALOMÃO FILHO, Calixto. *Regulação da atividade econômica* (princípios e fundamentos jurídicos). São Paulo: Malheiros, 2001, p. 93: "O que ocorre é que o princípio da livre iniciativa, inserido no *caput* do art. 170 da Constituição Federal, nada mais é do que uma cláusula geral cujo conteúdo é preenchido pelos incisos do mesmo artigo. Esses princípios claramente definem a liberdade de iniciativa não como uma liberdade anárquica, porém social, e que pode, consequentemente, ser limitada".

[267] FORGIONI, Paula A. *Contratos empresariais*: teoria geral e aplicação. 3. ed. São Paulo: Thomson Reuters, 2018, p. 273-276.

seu trabalho duro, sem que possam obter proveitos às custas de danos causados aos outros ou expedientes inaceitáveis".[268] Por conseguinte, a liberdade de iniciativa se relaciona, portanto, muito intimamente com a própria liberdade de concorrência, já que é necessário proporcionar um ambiente econômico com regras que, válidas para todos, viabilizem a *garantia de disputa*.[269]

Tal disputa precisa ocorrer sob condições niveladas como forma de assegurar que os agentes de mercado concorram entre si com base em seus próprios méritos econômicos e não com base em artifícios ardilosos, como fraudes e trapaças. A livre concorrência fundamenta a existência de livres mercados exatamente por estabelecer limites, parâmetros e regras que permitam a ocorrência de um jogo competitivo, nivelado e justo. Quaisquer diferenças de êxito nos empreendimentos particulares devem decorrer estritamente da performance econômica dos agentes de mercado.

Comparato e Salomão Filho enfatizam, então, que é função central do sistema econômico garantir o denominado *devido processo econômico*, com vistas a assegurar que a interação dos agentes de mercado se desenvolva em igualdade de condições. O potencial de exclusão e de criação de desigualdade nas interações sociais emana, portanto, como uma das motivações principais para justificar a necessidade de proteção ao devido processo econômico e, por conseguinte, da intervenção direta sobre as estruturas que concentram poder nos mercados como forma de combater tal potencial.[270]

Similarmente, adverte Frazão que os mercados não podem ser tomados como arenas de "vale tudo", já que isso seria, em verdade, implosivo da própria existência de mercados[271] – que, como visto em perspectiva sociológica, demanda uma arquitetura jurídica robusta para a viabilização e estabilização das trocas econômicas. Na ausência

---

[268] FRAZÃO, Ana. Liberdade de iniciativa e "livres mercados": os pressupostos econômicos e jurídicos para uma economia verdadeiramente livre. *In*: RODRIGUES, Patrícia Pacheco; ALVES, Samira Rodrigues Pereira (org.). *A Constituição por elas*: a interpretação constitucional sob a ótica das mulheres. São Paulo: Uninove, 2021, Seção XII, Capítulo 12, p. 2.453.

[269] FORGIONI, Paula A. *Contratos empresariais*: teoria geral e aplicação. 3. ed. São Paulo: Thomson Reuters, 2018, p. 277-278.

[270] COMPARATO, Fabio Konder; SALOMÃO FILHO, Calixto. *O poder de controle na sociedade anônima*. 6. ed. Rio de Janeiro: Editora Forense, 2014, p. 43.

[271] FRAZÃO, Ana. Liberdade de iniciativa e "livres mercados": os pressupostos econômicos e jurídicos para uma economia verdadeiramente livre. *In*: RODRIGUES, Patrícia Pacheco; ALVES, Samira Rodrigues Pereira (org.). *A Constituição por elas*: a interpretação constitucional sob a ótica das mulheres. São Paulo: Uninove, 2021, Seção XII, Capítulo 12, p. 2.455.

de tal arquitetura, os mercados se tornariam ambientes marcados por abusos e pelo exercício da força, o que renderia uma série de distorções que afetariam a integridade do próprio Estado Democrático de Direito.

A instituição do princípio da livre concorrência na ordem econômica constitucional deriva do reconhecimento de que, em uma economia de mercado, as oportunidades econômicas precisam ser disputadas entre os agentes de mercado, já que tal processo competitivo é tido, em uma linguagem econômica, como *produtor de externalidades positivas*, ou seja, perturba a estabilidade dos agentes econômicos, é capaz de estimular a inovação, a redução de preços e o aumento de qualidade e diversidade de produtos, por exemplo.[272]

Isto é, a livre concorrência se ergue como princípio da ordem econômica porque se considera que, na economia de mercado instituída pela Constituição Federal, a competição é um *meio*[273] importante para a obtenção de resultados desejáveis à coletividade ao operar como mecanismo econômico que desestabiliza o acúmulo e a manutenção do poder econômico. A redução de preços ou o incremento da qualidade de produtos, por exemplo, resultam da contestação de poder econômico que é motivada pelo processo competitivo – a possibilidade de acesso aos mercados por novos agentes e de contestação da posição de agentes incumbentes é o motor que incomoda e impulsiona os agentes estabelecidos a continuarem lançando mão de estratégias competitivas para a proteção de suas posições.

Ao mesmo tempo, como já evidenciado desde uma abordagem sociológica dos mercados, é a instabilidade promovida pelo processo competitivo que também incentiva que os agentes incumbentes desenvolvam mecanismos para burlar a competição pelo mérito, recorrendo à produção de regras e sentidos que lhes confiram vantagens indevidas e não disponíveis nos mercados para todos os agentes. Daí a importância de que o direito da concorrência proteja e estimule a rivalidade nos mercados como forma de impedir a acomodação de incumbentes e a

---

[272] FORGIONI, Paula A. *Contratos empresariais*: Teoria geral e aplicação. 3. ed. São Paulo: Thomson Reuters, 2018, p. 279: "Nossa Constituição enxerga a concorrência como um fator de produção de externalidades positivas, capaz de colaborar no funcionamento do sistema econômico, diminuído preços e aumento a qualidade do produto ou do serviço oferecido aos consumidores".

[273] Como expõe Forgioni, a Constituição Federal concebe a concorrência como meio e instrumento para o alcance de interesses coletivos, de ordem pública e com vistas à dignidade humana. Em: FORGIONI, Paula A. *Os fundamentos do antitruste*. 8. ed. São Paulo: Revista dos Tribunais, 2015, p. 186-189.

consolidação de poder privado por meio de estratégias que divergem de uma competição pelo mérito.

Afinal, como já demonstrado, o surgimento da política antitruste estadunidense, tida como pioneira e decisiva para a expansão do direito da concorrência em jurisdições diversas, esteve proximamente conectado com preocupações relacionadas ao acúmulo de poder econômico privado e à possibilidade de exercício da tirania privada, com a cooptação do sistema político e democrático. O conjunto de estudos já apresentado também reitera como essas preocupações persistem e se agravam nas democracias capitalistas contemporâneas, devendo encabeçar a retomada e a renovação do movimento antitruste nos Estados Unidos e em outros países.

No caso brasileiro, receios similares estiveram presentes na criação do direito da concorrência e confirmam que sua implementação não se configura como mecanismo unicamente voltado ao bom funcionamento da economia e dos mercados, mas igualmente voltado para o fomento e preservação de outros bens coletivos e das próprias instituições democráticas.

Ao mapear o percurso da implementação da defesa da concorrência no Brasil, Benjamin Shieber observa que as discussões sobre abuso de poder econômico iniciadas na década de 1930, por exemplo, já indicavam a necessidade de que o poder econômico fosse controlado a fim de atender ao interesse geral e não somente interesses individuais.[274] Nesse percurso, Shieber aponta que a criação da legislação concorrencial no Brasil esteve atrelada, para além da motivação econômica, também ao fundamento político-social, que imputava à defesa da concorrência o papel de limitar o poder privado sobre o campo econômico, sobre o Estado e sobre a sociedade em geral.[275]

Ainda que assim não o fosse e não se identificassem, nas origens do direito concorrencial brasileiro, fundamentos sociais e políticos para sua instituição, o contexto atual do capitalismo contemporâneo, marcado pela criação e consolidação de centros de poder privado, sobretudo no cenário da economia digital, seria, por si só, *elemento suficiente para reivindicar uma leitura mais abrangente do direito concorrencial*, à luz dos

---

[274] SHIEBER, Benjamin. *Abusos do poder econômico* (Direito e experiência antitruste no Brasil e nos EUA). São Paulo: Editora RT, 1966, p. 2.
[275] *Ibidem*, p. 61-62.

demais princípios constitucionais que fundam a ordem econômica e o Estado brasileiro.

Não à toa, surgem e se difundem novas vertentes e subáreas do pensamento constitucionalista contemporâneo especialmente dedicadas a abordar o fenômeno complexo de aplicação e proteção de direitos fundamentais na Internet por agentes privados, como as plataformas digitais, ensejando uma alteração no movimento constitucional tradicional de limitação do poder político estatal para a necessidade de limitação do poder privado de atores na Internet.[276]

Nesse contexto, emerge com especial relevância o princípio da repressão ao abuso do poder econômico, tomado como condição necessária à efetivação dos princípios da livre iniciativa e da livre concorrência e, em comunidade com tais princípios, considerado como base criadora e legitimadora do direito concorrencial como disciplina jurídica para o controle do poder econômico.

Como observa Salomão Filho, o controle de estruturas, como uma das ferramentas de concretização da defesa da concorrência, tem sua validade e necessidade afirmadas no ordenamento jurídico brasileiro a partir do art. 173, §4º da Constituição Federal, ao se reconhecer a correlação entre concentração excessiva de mercado e abuso de poder econômico. O controle de estruturas é, portanto, decorrência direta do imperativo constitucional.[277] E, como não poderia deixar de ser, também sobre ele se projetam, como elementos orientadores e interpretativos, os princípios basilares da ordem econômica e da ordem constitucional em sua integralidade.

Deve-se entender que os princípios da livre iniciativa, da livre concorrência e da repressão ao abuso do poder econômico são instrumentais da promoção da dignidade humana, tendo-se em vista que a Constituição Federal, em leitura integral, visa a objetivos mais amplos do que os livres mercados. Incrustados no artigo 3º da Constituição

---

[276] Desponta, assim, o chamado "Constitucionalismo Digital", compreendido inicialmente como "movimento constitucional de defesa da limitação do poder privado de atores da Internet, em oposição à ideia de limitação do poder político estatal" e posteriormente empregado como termo "guarda-chuva que abrange as mais diversas inciativas jurídicas e políticas, estatais e não-estatais, voltadas à afirmação de direitos fundamentais na Internet". Em: MENDES, Gilmar Ferreira; OLIVEIRA FERNANDES, Victor. Constitucionalismo digital e jurisdição constitucional: uma agenda de pesquisa para o caso brasileiro. *Revista Brasileira de Direito*, v. 16, n. 1, p. 1-33, out. 2020.

[277] SALOMÃO FILHO, Calixto. *Regulação da atividade econômica* (princípios e fundamentos jurídicos). São Paulo: Malheiros, 2001, p. 85.

CAPÍTULO 3
REFERENCIAIS CONSTITUCIONAIS PARA O CONTROLE DE ESTRUTURAS: LIMITAÇÃO À CONCENTRAÇÃO DE PODER... | 137

Federal, os objetivos da República se erigem, a partir do caráter *dirigente* da Constituição,[278] como *diretrizes*, em acepção dworkiniana,[279] e possuem função conformadora da interpretação constitucional.[280]

Como estatuto jurídico político,[281] a interpretação constitucional inescapavelmente se defronta com a ponderação de valores políticos, consubstanciados no ordenamento jurídico como princípios, que devem ser harmonizados e ter seus sentidos conformados mutuamente e em referência às diretrizes constitucionais, além de terem que se coadunar com a ideologia constitucionalmente adotada. As regras do direito concorrencial servem à concreção desses princípios e diretrizes, de modo que sua aplicação demanda, por conseguinte, uma leitura holística do texto constitucional, a fim de que a determinação do conteúdo desses valores políticos seja resultado da sua coexistência e conformação harmônica no quadro constitucional.

Tanto por isso que Eros Grau adverte sobre o descabimento de se proceder a uma interpretação da Constituição "em tiras".[282] O conteúdo de um princípio jamais poderá ser formulado em apartado daqueles outros com que compartilha o quadro constitucional, sendo produtiva, para a delimitação de seus contornos, a tensão gerada pelo confronto entre eles na aplicação concreta das regras constitucionais e infraconstitucionais.

Da mesma advertência extrai-se que tampouco a interpretação de outros textos normativos poderá estar descolada da orientação do texto constitucional e de sua ideologia, assentada por seus princípios e diretrizes. A interpretação jurídica deve percorrer o caminho que se projeta do texto normativo à Constituição, a fim de perseguir e concretizar suas diretrizes e a harmonização de seus princípios, uma vez que as soluções apresentadas na aplicação do Direito e das políticas públicas somente poderão ser tidas como legítimas e válidas, sob a

---

[278] CANOTILHO, José Joaquim Gomes. *Constituição Dirigente e Vinculação do Legislador*. Coimbra: Coimbra Editora, 2001, p. 12.

[279] DWORKIN, Ronald. Levando os direitos a sério. WMF: São Paulo, 2010.

[280] GRAU, Eros Roberto. *A ordem econômica na Constituição de 1988*. Interpretação e Crítica. 17. ed. São Paulo: Editora Malheiros, 2015, p. 212.

[281] CANOTILHO, José Joaquim Gomes. *Direito Constitucional*. 4. ed. Coimbra: Livraria Almeida, 1987, p. 146.

[282] GRAU, Eros Roberto. *A ordem econômica na Constituição de 1988*. Interpretação e Crítica. 17. ed. São Paulo: Editora Malheiros, 2015, p. 160-161.

égide constitucional, se estiverem em diálogo e coerência com a ideologia constitucionalmente adotada.[283]

Os referenciais constitucionais não se limitam à formulação de teses e argumentos para a arguição de constitucionalidade ou inconstitucionalidade das leis, mas incidem, como nota Forgioni, diretamente até mesmo sobre os negócios privados[284] e, por certo, também sobre a implementação dos instrumentos e políticas públicas que o Estado elabora, em última instância, como meios para a consecução dos objetivos que fundamentam a República.

A incidência direta da Constituição sobre a interpretação e aplicação do direito concorrencial brasileiro deve instigar um movimento de "constitucionalização" da defesa da concorrência, por meio do qual, ao considerar os princípios basilares da ordem econômica constitucional, o direito da concorrência possa aspirar a outros fins e objetivos que, em sendo alcançados e promovidos pelo processo competitivo, devem ser integrados à análise concorrencial.

Isso implica reconhecer que, diante da comunidade de princípios que a Constituição constitui, a redução dos objetivos da defesa da concorrência tão somente à maximização de eficiências e do bem-estar do consumidor é inadequada e incoerente com a ideologia constitucional adotada. Por conseguinte, a constitucionalização perpassa, necessariamente, pelo abandono das premissas centrais da Escola de Chicago na aplicação do direito concorrencial e do controle de estruturas. Esse movimento se faz imprescindível para a promoção e o desenvolvimento de uma política de defesa da concorrência apta e adequada para abordar as particularidades da realidade econômica brasileira.

3.3.1 A urgente e necessária constitucionalização do direito da concorrência

A diversidade e extensão de efeitos que se relacionam com a concentração de poder econômico apontam, inescapavelmente, para a complexidade e profundidade com as quais se deve abordar o seu controle, a fim de que seja efetivo em coibir abusos e distorções em nossos sistemas político, social e econômico. Caso as políticas públicas

---

[283] GRAU, Eros Roberto. *A ordem econômica na Constituição de 1988*. Interpretação e crítica. 17. ed. São Paulo: Editora Malheiros, 2015, p. 166-167.

[284] FORGIONI, Paula A. *Contratos empresariais*: Teoria geral e aplicação. 3. ed. São Paulo: Thomson Reuters, 2018, p. 281.

dedicadas à disciplina jurídica do poder econômico não se atentem às dimensões em que seu acúmulo se desdobra, essas políticas não apenas serão ineficazes, como também estarão em falta com os princípios fundantes da ordem econômica constitucional e em desacordo com a ideologia constitucionalmente adotada.

A redução do escopo de intervenção e dos objetivos do direito concorrencial brasileiro à maximização de eficiências econômicas levou precisamente a esse cenário, na medida em que isolou a defesa da concorrência do diálogo com princípios e valores jurídicos conformadores de sua interpretação e aplicação. Sob pretexto de fazê-la neutra, precisa e previsível, legitimou-se a supremacia do método econômico como critério de delimitação e aplicação da intervenção concorrencial. Destituiu-se da defesa da concorrência o seu caráter de instrumento de política econômica que, como tal, deve se alinhar aos objetivos da República.

A constitucionalização do direito da concorrência desponta, portanto, como o caminho para reverter a inversão entre Economia e Direito e restabelecer a defesa da concorrência como uma política econômica orientada por princípios constitucionalmente instituídos. Se os modelos econômicos elaborados para a aplicação da legislação concorrencial não conseguem apreender os valores jurídicos fundantes da ordem econômica, é imprescindível que se reconheça a necessidade de superá-los ou de assimilar suas limitações. Segundo adverte Castro, os modelos econômicos devem conformar-se à ideologia constitucionalmente adotada, e não o contrário, razão pela qual o direito concorrencial brasileiro, ao "transplantar" teorias concorrenciais de outros países, deve primeiramente analisar sua compatibilidade com as escolhas normativas já consolidadas em sua ideologia constitucional.[285]

O autor reconhece e defende, portanto, o que aqui se está chamando de "constitucionalização" do direito da concorrência. Os princípios e objetivos estabelecidos pela Constituição devem permear a interpretação e aplicação do direito concorrencial brasileiro – são eles que determinarão e legitimarão a concepção da finalidade da política econômica.[286] Ao ancorar seu fundamento de validade em uma ordem econômica constitucional estruturada por uma diversidade de princípios

---

[285] CASTRO, Bruno Braz de. *Eficiência e rivalidade*: alternativas para o direito da concorrência nos países em desenvolvimento. 2017. 252 p. Tese (Doutorado em Direito) – Faculdade de Direito, Universidade Federal de Minas Gerais, Belo Horizonte, 2017, p. 117.

[286] *Ibidem*, p. 119.

e cuja finalidade expressa é a de "assegurar a todos existência digna, conforme os ditames da justiça social", ter o direito concorrencial brasileiro reduzido à busca por eficiência econômica é um grave desvirtuamento do texto constitucional.

Frazão também se manifesta favoravelmente à constitucionalização do direito da concorrência, evidenciando as limitações de abordagens exclusivamente econômicas ou consequencialistas no direito concorrencial, já que a livre concorrência, no ordenamento jurídico brasileiro, é calcada como *instrumento* para a realização de diversos fins constitucionais, sendo necessária sua contextualização com os demais princípios da ordem econômica constitucional para que a defesa da concorrência possa ser devidamente compreendida e implementada.[287]

O processo de constitucionalização nada mais significa, portanto, do que restituir o direito concorrencial brasileiro à ordem econômica constitucional, colocando-o em diálogo e tensão com os demais princípios constitucionais que se combinam à livre concorrência, a partir de uma leitura abrangente e guiada pelos objetivos da República e pela ideologia constitucionalmente adotada. Com isso, será possível conformar a aplicação e a interpretação do direito concorrencial brasileiro a partir dos referenciais normativos constitucionais que o instituem e legitimam, integrando valores sociais e políticos indissociáveis da defesa da concorrência no Brasil e desfazendo o isolamento e a impermeabilização promovidos pela difusão e aceitação da teoria da Escola de Chicago.

A constitucionalização do direito da concorrência viabiliza sua concepção como ferramenta direcionada para finalidades diversas e não apenas para um objetivo estanque e estático. Isso, porque, como já argumentado, a Constituição Federal, a partir da ideologia que adota, *(i)* consagra a livre concorrência como *meio* ou *instrumento* e *(ii)* contempla princípios e objetivos diversos para a ordem econômica. A conjunção desses elementos abre a oportunidade de reconhecer e abarcar uma variedade de finalidades ao direito concorrencial, uma vez que se constata que a proteção do processo competitivo é um *meio* – ainda que vários outros sejam instituídos no ordenamento brasileiro e concorram para tanto – para a concretização da justiça social, da valorização do trabalho, da defesa do consumidor, da redução de desigualdades

---

[287] FRAZÃO, Ana. A necessária constitucionalização do direito da concorrência. *In*: MERLIN CLÈVE, Clèmerson; FREIRE, Alexandre (coord.). *Direitos fundamentais e jurisdição constitucional*. São Paulo: Editora Revista dos Tribunais, 2014, p. 139-158, p. 154.

sociais e regionais, da defesa do meio ambiente e outros princípios e objetivos da República.

A constitucionalização deve imprimir, portanto, uma nova abordagem ao direito concorrencial, sobretudo ao se ponderar, como o faz Castro, como a condição do Brasil de país em desenvolvimento, aliada com o compromisso constitucional de justiça social, de redução de desigualdades e de desenvolvimento inclusivo, deve informar a política de defesa da concorrência para o enfoque sobre a proteção do processo competitivo e a preservação da rivalidade, uma vez que tal enfoque se revela mais adequado e compatível com nossa realidade econômica.[288]

As características de país em desenvolvimento impõem abordagens e finalidades particulares à defesa da concorrência no Brasil, porque essas características definem um ambiente competitivo distinto daquele dos países que costumam liderar os movimentos de convergência internacional do direito concorrencial, sendo determinado por mercados altamente concentrados, elevadas barreiras à entrada, rivalidade limitada e alta concentração na propriedade de ativos produtivos.[289] Tais características se reforçam mutuamente a partir do histórico patrimonialista e da realidade de laços que envolvem o capitalismo brasileiro.

Como observam Dutz e Khemani, verifica-se uma "tirania dos grupos de interesse", engendrada por uma tradução de poder econômico em influência política, na qual os lucros de monopólio são empregados para a obtenção de vantagens econômicas juntamente aos governos, o que fortalece as posições dominantes desses agentes, sem que haja grupos de interesse contrapostos ou instituições democráticas fortes e opinião pública independente dos grupos econômicos dominantes.[290] Essa descrição se identifica muito proximamente com o cenário do capitalismo de laços no Brasil, analisado neste trabalho.

A percepção e consideração do Brasil como país em desenvolvimento, em uma interpretação constitucionalizada do direito da concorrência, são, portanto, elementos relevantes para que se possa apreender e endereçar os impactos políticos decorrentes da concentração de poder

---

[288] CASTRO, Bruno Braz de. *Eficiência e rivalidade*: alternativas para o direito da concorrência nos países em desenvolvimento. 2017. 252 p. Tese (Doutorado em Direito) – Faculdade de Direito, Universidade Federal de Minas Gerais, Belo Horizonte, 2017, p. 151.

[289] DUTZ, Mark; KHEMANI, R. Shyam. *Challenges in South Asia competition law and policy*: challenges in South Asia. Washington: The World Bank, 2007.

[290] DUTZ, Mark; KHEMANI, R. Shyam. *Challenges in South Asia competition law and policy*: challenges in South Asia. Washington: The World Bank, 2007, p. 11.

econômico privado, com o reconhecimento de que o nosso ambiente competitivo se perfaz em bases particulares marcadas pelo histórico colonial e patrimonialista.

Igualmente, a ponderação sobre condição de país em desenvolvimento deve pautar as finalidades do direito concorrencial com vistas à inserção de preocupações que não se relacionem exclusivamente com eficiências, mas que possam, sim, endereçar questões distributivas graves para tais países. Defende-se, então, que o direito concorrencial se preocupe com a igualdade de oportunidades por meio da proteção à mobilidade e ao acesso aos mercados e do fortalecimento da rivalidade.[291] Para países em desenvolvimento, a proteção da rivalidade como foco serve para a geração de concorrência, em vez da preservação de um status quo definido por posições dominantes entrincheiradas.[292]

A constitucionalização do direito concorrencial afasta, por conseguinte, a eleição da eficiência econômica e do bem-estar do consumidor como objetos da tutela da defesa concorrencial, posicionando o processo competitivo no centro dessa tutela, na medida em que se concebe a livre concorrência como meio para consecução de fins diversos, podendo até mesmo a eficiência e o bem-estar do consumidor ser alguns desses fins alcançados. No entanto, rechaça-se a concepção que permitia a acumulação de poder de mercado sob o argumento da produção de eficiências e se prioriza a defesa da competição e da rivalidade como processos – não como valor em si, mas como instrumento.

A constitucionalização do direito da concorrência eleva-se como uma chave interpretativa estratégica para aproximar a defesa da concorrência no Brasil aos estudos e evidências apresentados, que correlacionam a concentração de poder econômico a efeitos econômicos, políticos e sociais diversos e, a partir disso, possibilitar que essas decorrências sejam apreendidas pelo direito concorrencial.

A constitucionalização é o caminho para perceber e apreender como os laços que envolvem o capitalismo brasileiro obstruem o processo competitivo pelo mérito e exigem do direito concorrencial uma

---

[291] CASTRO, Bruno Braz de. *Eficiência e rivalidade*: alternativas para o direito da concorrência nos países em desenvolvimento. 2017. 252 p. Tese (Doutorado em Direito) – Faculdade de Direito, Universidade Federal de Minas Gerais, Belo Horizonte, 2017, p. 135-136.

[292] BUDZINSKI, Oliver; BEIGI, Maryan H. A. Generating instead of protecting competition. *In*: GAL, Michal S. et al. (org.). *The economic characteristics of developing jurisdictions*: their implications for competition law. Cheltenham, UK: Edward Elgar, 2015, p. 223-247, p. 235.

abordagem voltada para o desenlace entre poder político e poder econômico por meio da efetiva promoção da rivalidade.

3.3.2 Deve o direito da concorrência se preocupar com os efeitos políticos resultantes da concentração econômica? Como?

Diante da exposição até aqui realizada, a pergunta que inaugura este tópico soa extremamente retórica. Não obstante, o tópico se justifica pelo propósito de listar e sintetizar os fundamentos que embasam a resposta positiva à indagação, a fim de que se deixe claro como a incorporação dos desdobramentos políticos do acúmulo de poder econômico é adequada e beneficia uma análise concorrencial mais efetiva no controle jurídico do poder econômico.

O primeiro conjunto de argumentos que alicerça a resposta positiva para essa questão se erige a partir dos fundamentos constitucionais discorridos, que devem orientar e conformar a interpretação e aplicação do direito concorrencial com base na ideologia constitucionalmente adotada, nos princípios basilares da ordem econômica e nos objetivos da República.

A Constituição Federal é o fundamento de validade da defesa da concorrência no ordenamento jurídico brasileiro, e a incorporação de valores sociais, políticos e econômicos, refletidos em princípios do texto constitucional, não apenas é uma medida bem-vinda ao direito concorrencial, como também é mandatória para assegurar a concretização dos princípios constitucionais e dos objetivos da República.

A defesa da incorporação de princípios e valores diversos da geração de eficiências econômicas, pelo direito concorrencial brasileiro, não é arroubo populista ou capricho normativista – é tão somente a condição necessária para dar efetividade, notadamente, ao princípio da livre concorrência e da repressão ao abuso de poder econômico. A constitucionalização do direito da concorrência impõe-se como medida que, a um só tempo, garante a legitimidade e promove a efetividade da defesa da concorrência no Brasil.

A realidade brasileira reforça a importância e urgência dessas colocações, uma vez que as particularidades que caracterizam um país em desenvolvimento reivindicam uma concepção de direito concorrencial distinta daquela adotada em jurisdições de países desenvolvidos. Não apenas não encontra amparo no texto constitucional a adoção de uma teoria econômica que exclui da aplicação do direito concorrencial brasileiro a ponderação sobre valores e princípios constitucionais, como também ignora e contraria a realidade econômica nacional e prejudica a consecução de propósitos caros a um país em desenvolvimento.

O aspecto relacional da economia brasileira e a existência de um capitalismo de laços são traços que particularizam o desenvolvimento da economia brasileira. A constatação de que as elites política e econômica no Brasil se relacionam intimamente, em um vínculo que distorce o adequado funcionamento da economia e do sistema político, é uma evidência bastante relevante sobre como o poder econômico se articula e, por conseguinte, como deve ser controlado. Na medida em que tal aproximação afeta diretamente a dinâmica competitiva, é incabível ignorar os impactos políticos que se desdobram da concentração de poder econômico.

A inércia em não reconhecer o capitalismo de laços ou não assimilar seus efeitos sobre a concorrência implica a realização de um controle jurídico do poder econômico apenas parcialmente eficaz. Outras jurisdições talvez não tenham que incorporar, na aplicação da legislação concorrencial – seja pela inexistência do mesmo quadro fático, seja pela falta de arcabouço jurídico-constitucional –, os desdobramentos políticos do poder econômico da mesma maneira. Não é esse o caso do Brasil, no entanto, onde se constata a existência dos dois elementos – realidade fática e fundamentos jurídico-constitucionais.

O Direito, como constructo social, está intimamente atrelado às características da sociedade que o institui, de modo que o direito da concorrência, igualmente, não poderá estar descolado de sua realidade social própria e ancorado em um pretenso arcabouço universal e uniforme, aplicável indistintamente a todas jurisdições, a despeito de suas particularidades. Se o direito da concorrência é caracterizado pela porosidade e absorção – o que o torna suscetível a uma multiplicidade de valores e considerações –, como argumenta Ezrachi,[293] é certo que, no contexto brasileiro, ele deverá se mostrar permeável às preocupações e distorções suscitadas pelo enlace entre poder econômico e poder político, a fim de que se faça efetivo.

Correlatamente, o segundo conjunto de argumentos refere-se aos pressupostos intrínsecos do direito da concorrência, que se propõem a proteger e incentivar a rivalidade e o padrão de competição pelo mérito

---

[293] EZRACHI, Ariel. Sponge. *Journal of Antitrust Enforcement*, vol. 5, n. 1, 2017, p. 49-75.

e impedir o exercício abusivo do poder de mercado. O capitalismo de laços no Brasil mina esses pressupostos. Trata-se de uma interferência que ocorre em mão dupla: conexões privilegiadas entre poder econômico e poder político conferem aos agentes econômicos vantagens que afetam a performance econômica e competitiva do agente privilegiado e de seus rivais; as conexões privilegiadas entre poder político e poder econômico facilitam o desenvolvimento e a consolidação de agentes economicamente poderosos que se imiscuem nos processos políticos e abalam as regras do jogo democrático.

Os laços se infiltram nos sistemas econômico e político e viabilizam o exercício abusivo do poder econômico, por meio do qual se extraem privilégios econômicos que desnivelam as condições de concorrência, com a ruptura do padrão de competição pelo mérito e com a atenuação da rivalidade. Não se cuida de um processo exclusivamente político, que estaria apenas lateralmente relacionado com a defesa da concorrência e com o controle jurídico do poder econômico, mas trata-se, *eminentemente*, de uma *problemática concorrencial*. Mesmo uma abordagem tida como conservadora do direito da concorrência – isto é, que acata unicamente o bem-estar do consumidor como objeto de tutela do direito concorrencial – deve reconhecer a importância e pertinência de observar e endereçar os efeitos políticos decorrentes da concentração de poder econômico.

Como instrumento que controla a concentração de estruturas empresariais, o direito da concorrência é seguramente um mecanismo apropriado e eficaz para conter a acumulação de poder econômico e contribuir para o desenlace entre poder político e poder econômico. A introdução das considerações acerca dos impactos da concentração econômica sobre a democracia e o sistema político não é descabida, tendo em vista que pode ser abordada pelo controle de estruturas e são promovidas a partir da competição como meio.

A pergunta sobre se deve o direito da concorrência incorporar os efeitos políticos derivados do poder econômico é seguida, quase que automaticamente, pela indagação "como?". Os esforços deste estudo se concentraram em diagnosticar o problema e não se dedicaram, por limitações práticas e escolhas metodológicas, a investigar detidamente as possíveis medidas específicas para remediar o diagnóstico identificado – mesmo porque, como já explicado, esta obra também não pretendeu mapear as manifestações políticas específicas da concentração de poder de mercado, o que seria pré-requisito para a formulação de remédios adequados para enfrentar cada tipo de manifestação. Inobstante, algumas proposições iniciais podem ser feitas para incitar reflexões preliminares que possam vir a instigar o desenvolvimento de pesquisas futuras sobre o tema.

Aprimoramentos conceituais e teóricos podem ser os primeiros e importantes passos para ajustar as percepções e os filtros que hoje retêm a reverberação dessas discussões na aplicação do direito concorrencial. Esses aprimoramentos perpassam necessariamente pela ampliação do conceito de poder de mercado e poder econômico, de modo que sejam visibilizadas outras manifestações do poder que não apenas o aumento de preços ou a redução de qualidade e inovação, mas também a influência política por meio de *lobby* e financiamento eleitoral e o controle informacional, por exemplo. A ampliação também necessariamente implica o abandono ou, ao menos, uma adoção mais crítica dos pressupostos da Escola de Chicago sobre o acúmulo de poder econômico.

Essa ampliação se ancora em uma perspectiva sociológica dos mercados, que evidencia que as instituições econômicas se formam a partir de um complexo tecido social e que não existem mercados sem um forte aparato estatal e político. Ignorar a dimensão política na arquitetura dos mercados e na interação e performance de agentes econômicos significa adotar uma visão parcial do fenômeno mercadológico. Os *insights* sociológicos se constituem como contribuições valiosas para informar uma defesa da concorrência que apreenda melhor as formas pelas quais o poder econômico se cria, se expande e se desdobra.

Essa ampliação também se fundamenta na própria doutrina concorrencial, que tem sido ativa e crescente em demonstrar como a permissividade com as concentrações de mercado pode conduzir a cenários políticos preocupantes que desafiam a integridade do sistema democrático. A dispersão de poder promovida pelo direito da concorrência no controle das estruturas empresariais precisa levar em conta os efeitos políticos decorrentes de concentrações econômicas.

No contexto brasileiro, a ampliação da noção de poder econômico ainda se lastreia no texto constitucional e na realidade econômica do capitalismo de laços. A interpretação do direito concorrencial baseada no texto constitucional auxilia na compreensão ampliada do poder econômico, ao agregar valores e princípios diversos à repressão ao abuso do poder econômico. Somam-se a isso as evidências fáticas do enlace entre elites política e econômica, que não deixam dúvidas de que a concentração de poder econômico se transforma em um trampolim para acessar relações e privilégios políticos que desnivelam a competição pelo mérito e confrontam a democracia.

Os aprimoramentos conceituais e teóricos envolvem o acolhimento de uma percepção menos complacente com as concentrações econômicas e menos confiante na capacidade de autocorreção dos mercados. Isso porque se as instituições econômicas resultam de disputas políticas e de poder, autorizar o acúmulo de poder econômico que gere efeitos políticos pode igualmente perturbar as condições de concorrência. A aprovação de atos de concentração deve incluir preocupações com os efeitos políticos, porque, ainda que não se verifique a probabilidade de exercício de poder de mercado por meio do aumento de preços ou da redução de qualidade, isso não significa que o poder econômico acumulado não possa distorcer a competição por meio dos seus desdobramentos sobre a esfera política.

Daí porque a literatura especializada do direito da concorrência já tem sugerido alguns remédios concretos para mitigar os efeitos políticos de concentrações de poder econômico. A proposta de Zingales – que se fundamenta na ideia de estabelecer para o direito antitruste um *democratic welfare standard* ao lado do tradicional padrão de bem-estar do consumidor – consiste em implementar, como remédio em atos de concentração, limites aos valores que as empresas poderiam destinar ao lobby, como forma de evitar desequilíbrios excessivos no processo democrático.[294]

Essa proposta pode se revelar interessante para o contexto brasileiro. Em verdade, o Cade já atuou em casos que investigaram a promoção de lobby por legislação tida como anticompetitiva,[295] o que demonstra a possibilidade de que tal controle seja realizado no âmbito de aplicação do direito concorrencial.[296] A proposta de limitar, em sede de controle preventivo de estruturas, a destinação de verbas para lobby ou de, ao menos, impor a sua transparência em concentrações que autorizem elevado acúmulo de poder econômico, revela-se como

---

[294] ZINGALES, Luigi. *A capitalism for the people*: Recapturing the lost genius of American prosperity. New York: Basic Book, 2012.

[295] JORDÃO, Eduardo Ferreira. O direito antitruste e o controle do lobby por regulação restritiva da concorrência. *Revista de Direito Público da Economia*, v. 25, p. 63-100, 2009.

[296] Não se introduz aqui o debate sobre a possibilidade jurídica e eventuais desvantagens de inclusão do lobby por legislação anticompetitiva como parte do rol de práticas sujeitas à legislação concorrencial, mas apenas se indica que, no âmbito do controle preventivo de estruturas, a medida de limitação ao lobby pode ser válida.

medida importante para mitigar os canais privilegiados que os laços criam no capitalismo brasileiro.

Em raciocínio análogo, proposta semelhante poderia mirar o financiamento de campanha eleitoral e impor limitações à destinação de verbas por pessoas físicas que controlem as empresas envolvidas em atos de concentrações que resultem em excessivo poder de mercado. No contexto brasileiro, o financiamento de campanha eleitoral desponta como canal importante para a formação dos laços, de modo que remédios voltados ao enfraquecimento desse canal podem se revelar importantes.

As medidas indicadas servem para iniciar e fomentar o debate, que certamente precisará ser ampliado e abordado com a devida profundidade e cautela, correspondentes à complexidade e à delicadeza que o tema suscita. A despeito disso, a reflexão inicial confirma que existe um importante papel a ser assumido pelo direito da concorrência no desenlace entre elites política e econômica e na dispersão de poder privado, a fim de atenuar as desigualdades políticas no Brasil.

CONSIDERAÇÕES FINAIS

As sociedades contemporâneas complexas têm produzido inéditas dinâmicas de poder e conflitos que suscitam novos desafios para a conformação dos Estados e do Direito. A intensificação da globalização e a digitalização da vida se encontram no centro desses processos, já que suavizam fronteiras e criam espaços transnacionais de interação. Essa suavização contesta frontalmente noções tradicionais de nação e soberania internacional – já se falando, inclusive, no conceito de soberania digital – e faz surgir novas interações e interferências entre Estados e entre Estados e seus indivíduos, com uma crescente emergência de questões transnacionais e da ampliação de direitos difusos na esfera pública internacional.

As plataformas digitais têm ambientado uma parcela considerável das interações humanas e, com isso, se tornam *locus* privilegiado para o exercício de liberdades e direitos e se posicionam como entidades delimitadoras e reguladoras desse exercício. O desenvolvimento da inteligência artificial e de processos automatizados tem promovido uma realocação de responsabilidades e conferido uma ingerência determinante sobre aspectos diversos da vida humana, que variam e abrangem desde decisões sobre condenações em processos judiciais à direção em carros automáticos ou, ainda, aos diagnósticos clínicos de pacientes de saúde. O avanço das telecomunicações, por sua vez, suscita disputas geopolíticas sérias, nas quais o protagonismo não é estritamente estatal, mas liderado por empresas privadas que, elaborando e desenvolvendo tais tecnologias, podem influenciar e manipular os rumos dos conflitos entre nações.

O poder privado se sobressai, portanto, em assuntos sérios que afetam transversalmente a sociedade global, com uma profundidade e abrangência sem precedentes e não equiparáveis a outros momentos históricos. Disso tudo decorre uma grave e urgente preocupação sobre como reabilitar a centralidade dos Estados nas decisões que impactam seus sistemas políticos, sociais, culturais e econômicos e afrontam sua integridade como detentores do monopólio da força e da aplicação do império do Direito. Uma ressignificação do controle do poder econômico privado é *essencial* nesse contexto.

Esta obra buscou contribuir para essa ressignificação a partir de um esforço concentrado e localizado na aplicação do direito concorrencial brasileiro.

Para tanto, o percurso desenvolvido procurou, com seus dois primeiros capítulos, articular um arcabouço de conceitos e reflexões teóricas com um conjunto de evidências e elementos fáticos que, concatenados, elucidaram a centralidade das relações sociais para a estruturação da economia de mercado e para o desempenho econômico dos agentes privados.

A perspectiva sociológica demonstrou como a própria arquitetura dos mercados, ancorada em um complexo tecido social, é caracterizada por disputas de poder que se refletem nas instituições de mercado. O poder econômico já se revela, até mesmo na estruturação dos mercados, como elemento pervasivo sobre o sistema político, a regulação econômica, as políticas públicas e o ordenamento jurídico, gerando implicações importantes sobre o seu controle e sobre a repressão ao seu abuso.

Se o poder econômico é capaz de influenciar e determinar a criação das instituições econômicas, é preciso tomar uma abordagem cética até mesmo em relação aos entendimentos comuns e compartilhados que estabelecem quais são as práticas e estratégias comerciais legítimas, bem como sobre quais seriam as regulações e políticas tidas como indevidamente intrusivas sobre o domínio econômico. Uma conclusão é certa: os mercados não são redomas pautadas por regras econômicas abstratas e universais, mas são, sim, produtos sociais complexos, que derivam e refletem disputas de poder. A difusão da ideologia sobre livres mercados visa a atender, justamente, aqueles que conseguem exercer maior influência sobre a conformação das instituições a seu favor. A ressignificação do controle do poder econômico privado certamente perpassa por essas reflexões e considerações.

A exposição sobre o capitalismo de laços evidenciou e reforçou as preocupações sobre a tradução de poder econômico em influência política, alertando para os graves riscos que isso gera ao sistema democrático. O acúmulo de poder econômico não interfere apenas sobre o desenvolvimento ou a desigualdade econômica, mas reverte efeitos perversos sobre o sistema político, acentuando as desigualdades políticas e assumindo um protagonismo que desvia as pautas regulatórias e legislativas do interesse público a interesses de elites. A disseminação dos laços entre sistema político e sistema econômico é um chamado urgente para repensar e restituir a efetividade do controle jurídico do poder econômico, percebendo as diversas dimensões nas quais seu acúmulo e exercício podem se desdobrar. Esse também é um elemento crucial para ressignificar o controle do poder econômico privado.

O direito da concorrência, como instrumento voltado para a consecução dos princípios constitucionais da livre concorrência, da livre iniciativa e da repressão ao abuso do poder econômico, desponta como mecanismo importante para auxiliar no desenlace entre elites econômica e política no Brasil. No entanto, a ausência de considerações sérias, pelo Cade, sobre os efeitos políticos decorrentes das concentrações econômicas faz parecer que não estamos lidando com a realidade brasileira.

A adoção imponderada e acrítica de teorias que não se coadunam e não servem às particularidades que caracterizam um país em desenvolvimento impede uma concepção de direito concorrencial distinta daquela adotada em jurisdições de países desenvolvidos. Não apenas não encontra amparo no texto constitucional a adoção de uma teoria econômica que exclui da aplicação do direito concorrencial brasileiro a ponderação sobre valores e princípios constitucionais, como também ignora e contraria a realidade econômica nacional e prejudica a consecução de propósitos caros a um país em desenvolvimento.

Isso explica, ao menos em certa medida, como o Cade permanece indiferente à realidade do seu próprio país e às diretrizes e princípios que a Constituição institui como orientações à defesa da concorrência. A análise sobre os casos julgados pelo Tribunal do Cade converge com a hipótese de que a aplicação do direito concorrencial, orientada pela teoria econômica dominante, impede ou dificulta significativamente a possibilidade de que o Cade venha a apreender e ponderar sobre os impactos políticos derivados do acúmulo de poder econômico.

A constitucionalização do direito da concorrência é, portanto, requisito indispensável para que se possa ressignificar o controle jurídico do poder econômico. Sem isso, corre-se até mesmo o risco de que se percam os próprios fundamentos de legitimidade e de efetividade que que validam o direito da concorrência no Brasil. É necessário restituir o direito concorrencial brasileiro à ordem econômica constitucional, colocando-o em diálogo e tensão com os demais princípios constitucionais que se combinam à livre concorrência, a partir de uma leitura abrangente e guiada pelos objetivos da República e pela ideologia constitucionalmente adotada.

É preciso relembrar o que a Constituição *constitui* para o direito da concorrência.

Com isso, será possível conformar a aplicação e a interpretação do direito concorrencial brasileiro aos referenciais normativos que o instituem e legitimam, e integrar valores sociais e políticos indissociáveis da defesa da concorrência no Brasil, dando conta das particularidades da nossa realidade política e econômica e desempenhando um controle mais efetivo sobre o poder econômico.

REFERÊNCIAS

ABOLAFIA, Mitchel Y. Markets as cultures: an ethnographic approach. *In*: CALLON, Michael (ed.) *The laws of the markets*. Oxford: Blackwell Publishers, 1998, p. 69-85.

ACKERMAN, Bruce. *Social Justice in Liberal State*. New Haven: Yale University Press, 1981.

ADAMS, Walter; BROCK, James W. Antitrust, ideology, and the arabesques of economic theory. *University of Colorado Law Review*, v. 66, n. 2, p. 257-327, 1995.

APPELBAUM, Binyami. *The economist's hour*. False prophets, free markets, and the fracture of society. New York: Little, Brown and Company, 2019.

ATKINSON, Anthony B. *Inequality:* what can be done? Cambridge: Harvard University Press, 2015.

BAKER, Jonathan B.; SALOP, Steven C. Antitrust, competition policy, and inequality. *Georgetown Law Journal Online*, vol. 104, 2015, p. 1-28.

BAKER, Jonathan B. *The Antitrust Paradigm*: Restoring a Competitive Economy. Cambridge: Harvard University Press, 2019.

BANDEIRA-DE-MELLO, Rodrigo; MACRON, Rosilene. The value of business group affiliation for political connections: preferential lending in Brazil. *In*: V Encontro de Estudos em Estratégia, 2011, Porto Alegre. *Anais do 3Es*, 2011, v. 1, p. 1-16.

BERGER, Peter; LUCKMANN, Thomas. *The social construction of reality*: A treatise in the sociology of knowledge. 6. ed. Londres: Penguin Books, 1991.

BERNARDI, Bruno Boti. O conceito de dependência da trajetória (path dependence): definições e controvérsias teóricas. *Perspectivas*, São Paulo, v. 41, p. 137-167, jan./jun. 2012, p. 138.

BLOCK, Fred; SOMERS, Margaret. R. *The power of market fundamentalism*: Karl Polanyi's critique. Cambridge: Harvard University Press, 2014.

BOAS, Taylor; HIDALGO, F. Daniel; RICHARDSON, Neal P. The spoils of victory: Campaign donations and government contracts in Brazil. *The Journal of Politics*, vol. 76, n. 2, 2014, p. 415-429.

BORGES, Rodrigo Fialho. *Descontrole de estruturas*: dos objetivos do antitruste às desigualdades econômicas. 2020. 369 p. Tese (Doutorado em Direito Comercial) – Faculdade de Direito, Universidade de São Paulo, 2020.

BOUSHEY, Heather. *Unbound:* How inequality constricts our economy and what we can do about it. Cambridge: Harvard University Press, 2019.

BRASIL. Ministério da Justiça. Conselho Administrativo de Defesa Econômica. *Guia de Análise de Atos de Concentração Horizontal*, 2016.

BUDZINSKI, Oliver; BEIGI, Maryan H. A. Generating instead of protecting competition. *In*: GAL, Michal S. *et al*. (org.). *The economic characteristics of developing jurisdictions*: their implications for competition law. Cheltenham, UK: Edward Elgar, 2015, p. 223-247, p. 235.

BURNIER DA SILVEIRA, Paulo. *Direito da concorrência*. Rio de Janeiro: Forense, 2021.

CAIRÒ, Isabel; SIM, Jae W. Market power, inequality, and financial instability. *Finance and Economics Discussion Series*, n. 2020-057, Washington: Board of Governors of the Federal Reserve System, jul. 2020.

CALDEIRA, Jorge. *História da riqueza no Brasil*. Rio: Estação Brasil, 2017.

CAMPANTE, Rubens Goyotá. Patrimonialismo em Faoro e Weber. *DADOS – Revista de Ciências Sociais*, v. 46, n. 1, 2003, p. 153-193.

CANOTILHO, José Joaquim Gomes. *Direito Constitucional*. 4. ed. Coimbra: Livraria Almeida, 1987.

_____. *Constituição Dirigente e Vinculação do Legislador*. Coimbra: Coimbra Editora, 2001.

CARAZZA, Bruno. *Dinheiro, eleições e poder*: as engrenagens do sistema político brasileiro. São Paulo: Companhia das Letras, 2018.

CASTRO, Bruno Braz de. *Eficiência e rivalidade*: alternativas para o direito da concorrência nos países em desenvolvimento. 2017. 252 p. Tese (Doutorado em Direito) – Faculdade de Direito, Universidade Federal de Minas Gerais, Belo Horizonte, 2017, p. 151.

CLAESSENS, Stijn; FEIJEN, Erik e LAEVEN, Luc. Political connections and preferential access to finance: the role of campaign contributions. *Journal of Financial Economics*, vol. 88, 2008, p. 554-580.

COMPARATO, Fabio Konder; SALOMÃO FILHO, Calixto. *O poder de controle na sociedade anônima*. 6. ed. Rio de Janeiro: Editora Forense, 2014.

CORDOVIL, Leonor; CARVALHO, Vinicius Marques de; BAGNOLI, Vicente; ANDERS, Eduardo Caminati. *Nova Lei de Defesa da Concorrência comentada*: Lei 12.529, de 30 de novembro de 2011. São Paulo: Editora Revista dos Tribunais, 2011.

DAVIDSON, Kenneth M. Reality ignored. *How Milton Friedman and Chicago Economics undermined American institutions and endangered the global economy*. Arlington: A Kenneth M. Davidson Publication, 2011.

DAVIES, William. Economics and the "nonsense" of law: the case of the Chicago antitrust revolution. *Economy and Society*, v. 39, n. 1, p. 64-83, 2010.

DAVIS, Gerald F.; DIEKMANN, Kristina A.; TINSLEY, Catherine H. The decline and fall of the conglomerate firm in the 1980s: the deinstitutionalization of an organizational form. *American Sociological Review*, 1994, vol. 59, n. 4, p. 547-570.

REFERÊNCIAS | 155

DE LOECKER, Jan; EECKHOUT, Jan; UNGER; Gabriel. The rise of market power and the macroeconomic implications. The Quarterly Journal of Economics, vol. 135, n. 2, maio/2020, p. 561-644.

DOBBIN, Frank. *Forging industrial policy*: The United States, Britain, and France in the Railroad Age. Cambridge: Cambridge University Press, 1994.

_____. *The new economic sociology*. A reader. Princeton: Princeton University Press, 2004.

_____. Comparative and historical approaches to Economic Sociology. *In*: SMELSER, Neil J.; SWEDBERG, Richard. Introducing Economic Sociology. *In*: SMELSER, Neil J.; SWEDBERG, Richard (eds.). *The handbook of economic sociology*. Princeton: Princeton University Press, 2005, p. 26-48.

DWORKIN, Ronald. *Levando os direitos a sério*. WMF: São Paulo, 2010.

DREXL, Joseph. Consumer welfare and consumer harm: adjusting competition law and policies to the needs of developing jurisdictions. *In*: GAL, Michal S. *et al*. (org.). *The economic characteristics of developing jurisdictions*: their implications for competition law. Cheltenham, UK: Edward Elgar, 2015, p. 265-295.

DUDDEN, Arthur. *Antimonopolism, 1865-1890:* the historical background and intellectual origins of the antitrust movement in the United States. 612 f. Tese (Doutorado em Filosofia) – Universidade de Michigan, Michigan, 1950.

DUTZ, Mark; KHEMANI, R. Shyam. *Challenges in South Asia competition law and policy*: challenges in South Asia. Washington: The World Bank, 2007.

EGGERTSSON, Gauti B; ROBBINS, Jacob A; WOLD, Ella Getz. Kaldor and Piketty's facts: The rise of monopoly power in the United States. *Journal of Monetary Economics*, v. 124, 2021, p. 19-38.

EZRACHI, Ariel. Sponge. Journal of Antitrust Enforcement, vol. 5, n. 1, 2017, p. 49-75.

FAORO, Raymundo. *Os donos do poder*: formação do patronato político brasileiro. 3. ed. São Paulo: Globo, 2001.

FLIGSTEIN, Neil. *The transformation of corporate control*. Cambridge: Harvard University Press, 1990.

_____. Markets as politics: a political-cultural approach to market institutions. *American Sociological Review*, vol. 61, n. 4, 1996, p. 656-673.

_____. *The architecture of markets*. An economic sociology of twenty-first century capitalist societies. Princeton: Princeton University Press, 2001.

_____; DAUTER, Luke. The sociology of markets. *Annual Review of Sociology*, vol. 33, p. 105-128, 2007.

FORGIONI, Paula A. *Os fundamentos do antitruste*. 8. ed. São Paulo: Revista dos Tribunais, 2015.

_____. *Contratos empresariais*: teoria geral e aplicação. 3. ed. São Paulo: Thomson Reuters, 2018.

FOX, Eleanor. Post-Chicago, post-Seattle and the dilemma of globalization. *In*: CUCINOTTA, Antonio; PARDOLESI, Roberto; BERGH, Roger van dan. *Post-Chicago developments in antitrust law*. Cornwall: Edward Elgar, 2002.

_____. The Efficiency Paradox. *In*: PITOFSKY, Robert. (ed.). *How the Chicago School overshot the market*: the effect of conservative economic analysis on U.S. antitrust. Oxford: Oxford University Press, 2008.

FOX, Justin. *The myth of the rational market*. A history of risk, reward, and delusion on Wall Street. New York: Harper Business, 2011.

FRAZÃO, Ana. A necessária constitucionalização do direito da concorrência. *In*: MERLIN CLÈVE, Clèmerson; FREIRE, Alexandre (coord.). *Direitos fundamentais e jurisdição constitucional*. São Paulo: Editora Revista dos Tribunais, 2014, p. 139-158.

_____. *Direito da Concorrência*: pressupostos e perspectivas. São Paulo: Saraiva, 2017.

_____. Liberdade de iniciativa e "livres mercados": os pressupostos econômicos e jurídicos para uma economia verdadeiramente livre. *In*: RODRIGUES, Patrícia Pacheco; ALVES, Samira Rodrigues Pereira (org.). *A Constituição por elas*: a interpretação constitucional sob a ótica das mulheres. São Paulo: Uninove, 2021, Seção XII, Capítulo 12.

FURTADO, Celso. *Formação econômica do Brasil*. São Paulo: Publifolha, 2000.

GRANOVETTER, Mark. Economic action and social structure: the problem of embeddedness. *American Journal of Sociology*, vol. 91, p. 481-510, 1985.

_____. Problems of explanation in economic sociology. *In*: NOHRIA, Nitin; ECCLES, Robert (eds.). *Networks and organizations*. Cambridge: Harvard Business School Press, 1992, p. 25-56.

_____; MCGUIRE, Patrick. The making of an industry: electricity in the United States. In: CALLON, Michel (ed.). *The laws of the markets*. Oxford: Blackwell, 1998, p. 147-73.

_____. *Society and economy*: the social construction of economic institutions. Cambridge: Harvard University Press, 2000.

GRAU, Eros Roberto. *O direito posto e o direito pressuposto*. 7. ed. São Paulo: Editora Malheiros, 2008.

_____. *A ordem econômica na Constituição de 1988*. Interpretação e crítica. 17. ed. São Paulo: Editora Malheiros, 2015.

HABER, Stephen. Introduction: the political economy of crony capitalism. *In*: HABER, Stephen (ed.). *Crony capitalism and economic growth in Latin America*: theory and evidence, p. xi-xxi. Stanford: Hoover Institution Press, 2002.

HARVEY, David. *A brief history of neoliberalism*. New York, NY: Oxford University Press, 2007.

HOVENKAMP, Herbert. The reckoning of post-Chicago antitrust. *In*: CUCINOTTA, Antonio; PARDOLESI, Roberto; BERGH, Roger van dan. *Post-Chicago developments in antitrust law*. Cornwall: Edward Elgar, 2002.

JODHKA, Surinder S.; REHBEIN, Baike; SOUZA, Jessé. *Inequality in capitalist societies*. New York: Routledge, 2018.

JORDÃO, Eduardo Ferreira. O direito antitruste e o controle do lobby por regulação restritiva da concorrência. *Revista de Direito Público da Economia*, v. 25, p. 63-100, 2009.

KHAN, Lina M. The ideological roots of America's market power problem. *The Yale Law Journal Forum*, vol. 127, 2018, p. 960-979.

_____. *The new Brandeis Movement*: America's antimonopoly debate. Journal of European Competition Law & Practice, 2018, v. 9, n. 3.

KRIPPNER, Greta R. The elusive market: embeddedness and the paradigm of economic sociology. *Theory and Society*, vol. 30, p. 775-810, 2001.

KWOKA, John E., The structural presumption and the safe harbor in merger review: False positives, or unwarranted concerns? *Antitrust Law Journal*, Vol. 81, n. 3 (2017), p. 837-872.

_____. *Controlling mergers and market power*: a program for reviving antitrust in America. Boston: Competition Policy International, 2020.

LAZZARINI, Sérgio G. *Capitalismo de laços*. Os donos do Brasil e suas conexões. Rio de Janeiro: Elsevier, 2011.

_____; MUSACCHIO, Aldo; BANDEIRA-DE-MELLO, Rodrigo; MARCON, Rosilene. What do state-owned development banks do? Evidence from BNDES, 2002-09. *World Development*, vol. 66, 2015, p. 237-253. Disponível em: https://www.sciencedirect.com/science/article/abs/pii/S0305750X1400254X. Acesso em: 27 maio 2022.

LIANOS, Ioannis; CARBALLA-SMICHOWSKI, Bruno. A coat of many colours: new concepts and metrics of economic power in competition law and economics. *Journal of Competition Law and Economics*, vol. 18, n. 4, 2022, p. 1-50.

MANSFIELD, E. *Principles of microeconomics*. New York: W. W. Norton, 1972.

MENDES, Gilmar Ferreira; OLIVEIRA FERNANDES, Victor. Constitucionalismo digital e jurisdição constitucional: uma agenda de pesquisa para o caso brasileiro. *Revista Brasileira de Direito*, v. 16, n. 1, p. 1-33, out. 2020.

MERKEL, Wolfgang. Is capitalism compatible with democracy? *Zeitschrift für Vergleichende Politikwissenschaft*, vol. 8, n. 2, 2014, p. 109-128.

MILHAUPT, Curtis J.; PISTOR, Katharina. *Law & capitalism*. Chicago: The University of Chicago Press.

MILNER, Helen V. Is global capitalism compatible with democracy? Inequality, insecurity, and interdependence. *International Studies Quarterly*, vol. 65, 2021, p. 1.097-1.110.

MIOLA, Iagê. Competition law and neoliberalism: the regulation of economic concentration in Brazil. *Revista Direito e Práxis*, vol. 7, n. 4, 2016, p. 643-689.

MOISÉS, José Álvaro; CARNEIRO, Gabriela Piquet. Democracia, desconfiança política e insatisfação com o regime – o caso do Brasil. *Opinião pública*, vol. 14, n. 1, jun./2008, p. 1-42, p. 38-39.

MOREIRA, Vital. *A ordem jurídica do capitalismo*. 4. ed. Lisboa: Caminho, 1973.

_____. *Economia e Constituição*: para o conceito de constituição económica. Coimbra: Faculdade de Direito, 1974.

MUSACCHIO, Aldo; LAZZARINI, Sérgio G. *Reinventing state capitalism*: Leviathan in business, Brazil and beyond. Cambridge: Harvard University Press, 2014.

NORTH, Douglas. *Institutions, institutional change and economic performance*. Cambridge: Cambridge University Press, 1990.

NUNES, António José Avelãs. *O Estado capitalista e suas máscaras*. Rio de Janeiro: Lumen Juris, 2013.

PENEREIRO, Stephanie Vendemiatto. *Condutas anticompetitivas e a crescente concentração de mercado autorizada pelo Cade*. 2022. 475 f. Dissertação (Mestrado em Direito) – Universidade de Brasília, Brasília, 2022.

PEREIRA NETO, Caio Mário da Silva; CASAGRANDE, Paulo Leonardo. *Direito concorrencial*: doutrina, jurisprudência e legislação. Coleção Direito Econômico (coord. Fernando Herren Aguillar). São Paulo: Saraiva, 2016.

PHILIPPON, Thomas. *The great reversal*. How America gave up on free markets. Cambridge: The Belknap Press of Harvard University, 2019.

PIKETTY, Thomas. *Capital and ideology*. Tradução: Arthur Goldhammer, Cambridge: The Belknap Press of Harvard University Press, 2020.

PISTOR, Katharina. *The code of capital*. How law creates wealth and inequality. New Jersey: Princeton University, 2019.

PITOFSKY, Robert. The political content of antitrust. *University of Pennsylvania Law Review*, v. 127, p. 1.051-1.075, 1979.

_____. (ed.). *How the Chicago School overshot the market*: the effect of conservative economic analysis on U.S. antitrust. Oxford: Oxford University Press, 2008.

POLANYI, Karl. *A grande transformação*: as origens políticas e econômicas do nosso tempo. Tradução de Miguel Serras Pereira. Lisboa: Edições 70, 2012. 661 p. *E-book*. (História & Sociedade).

SALOMÃO FILHO, Calixto. Regulação da atividade econômica (princípios e fundamentos jurídicos). São Paulo: Malheiros, 2001.

_____. *Direito Concorrencial*. São Paulo: Malheiros, 2013.

_____. *Monopolies and underdevelopment*: from colonial past to global reality. Northampton: Edward Elgar Publishing, 2015.

SCHMIDT, Ingo L; RITTALER, Jan B. *A critical evaluation of the Chicago School of antitrust analysis*. Londres: Kluwer Academic Publishers, 1989.

SCHUARTZ, Luis Fernando. A desconstitucionalização do direito de defesa da concorrência. *Revista do IBRAC*, São Paulo, v. 16, n.1, 2009, p. 325-351.

REFERÊNCIAS | 159

SHIEBER, Benjamin. *Abusos do poder econômico* (Direito e experiência antitruste no Brasil e nos EUA). São Paulo: Editora RT, 1966.

SILVEIRA, Daniel Barile da. *Patrimonialismo e burocracia:* uma análise sobre o Poder Judiciário na formação do Estado brasileiro. 2006. 301 f. Dissertação (Mestrado em Direito) – Universidade de Brasília, Brasília, 2006.

SMELSER, Neil J.; SWEDBERG, Richard. Introducing economic sociology. *In:* SMELSER, Neil J.; SWEDBERG, Richard (Eds). *The handbook of Economic Sociology.* Princeton University Press: Princeton, 2005, p. 3-25.

SRNICEK, Nick. *Platform capitalism.* Cambridge: Polity Press, 2017.

STIGLER COMMITTEE ON DIGITAL PLATFORMS. Final Report. 2019. Disponível em: https://research.chicagobooth.edu/stigler/media/news/committee-on-digital-platforms-final-report. Acesso em: 27 ago. 2022.

STIGLITZ, Joseph E. *The Price of inequality:* how today's divided society endangers our future. New York: W. W. Norton & Company, 2013.

_____. *People, power, and profits:* Progressive capitalism for an age of discontents. New York: W. W. Norton & Company, 2019.

STUART, T; SORENSON, O. Liquidity events and the geographic distribution of entrepreneurial activity. *Administrative Science Quarterly, vol.* 48, 2004, p. 175-201.

STUCKE, Maurice E. Reconsidering antitrust's goals. *Boston College Law Review,* vol. 53, n. 2, 2012, p. 551-629.

SUNSTEIN, Cass. *Free markets and social justice.* New York: Oxford University Press, 1997.

SWEDBERG, Richard; GRANOVETTER, Mark. Introduction. *In:* GRANOVETTER, Mark; SWEDBERG, Richard (eds.). *The Sociology of economic life.* Boulder: Westview Press, 1992, p. 1-26.

SWEDBERG, Richard. *Principles of economic sociology.* Princeton: Princeton University Press, 2003.

TEACHOUT, Zephyr; KHAN, Lina. Market Structure and political law: a taxonomy of power. *Duke Journal of Constitutional Law & Public Police,* 2014, vol. 9. n. 1.

TEPPER, Jonathan; HEARN, Denise. *The myth of capitalism.* Monopolies and the Death of Competition. New Jersey: John Wiley & Sons, 2019.

UZZI, Brian. Social structure and competition in interfirm networks: the paradox of embeddedness. *Administrative Science Quarterly,* vol. 42, p. 35-67, 1997.

_____; LANCASTER, Ryon. Embeddedness and price formation in the corporate law market. *American Sociological Review, vol.* 69, 2004, p. 319-344.

VAN HORN, Rob. Reinventing monopoly and the role of corporations: the roots of Chicago law and economics. *In:* MIROWSKI, Philip; PLEHWE, Dieter (org.). *The road from Mont Pelerin.* Cambridge: Harvard University Press, 2009.

WILLIAMSON, Oliver E. *Markets and hierarchies*: analysis and antitrust implications. New York: Free Press, 1975.

WU, Tim. *The curse of bigness*. Antitrust in the New Gilded Age. New York: Columbia Global Reports, 2018.

ZINGALES, Luigi. *A capitalism for the people*: Recapturing the lost genius of American prosperity. New York: Basic Book, 2012.

ZUKIN, Sharon; DIMAGGIO, Paul. Introduction. *In*: ZUKIN, Sharon; DIMAGGIO, Paul (eds:). *Structures of capital: the social organization of the economy*. Cambridge: Cambridge University Press, 1990, p. 1-36.

Esta obra foi composta em fonte Palatino Linotype, corpo 10
e impressa em papel Pólen Bold 70g (miolo) e Supremo 250g (capa)
pela Artes Gráficas Formato.